Peter Gitzinger · Linus Höke · Roger Schmelzer

Das böse Buch zu Weihnachten

Peter Gitzinger · Linus Höke · Roger Schmelzer

DAS BÖSE BUCH ZU

WEIHNACHTEN

mit Illustrationen von Ari Plikat

Lappan

VORWORT

Anstelle eines Vorwortes wollen wir einen Brief abdrucken, der uns irrtümlich erreicht hat:

Lieber Weihnachtsmann,

bei uns in der Familie gibt es Weihnachten fast immer Streit und alle Erwachsenen haben schlechte Laune. Das ist dann gar keine richtige Weihnachtsstimmung. Darum wünsche ich mir dieses Jahr nur eins: kannst du nicht

ein Buch mitbringen, in dem Mama und Papa und Opa und Oma und Tante Inge und Onkel Heiner lesen können, anstatt sich zu streiten, und über das sie sich kaputtlachen können? Eins, das macht, dass Weihnachten wieder Spaß macht? Und in dem man aber auch ganz viel Lustiges über Weihnachten erfährt? Zum Beispiel, wie der Tag von einem deiner Rentiere aussieht? Oder wo man hinfahren

kann, wenn man vor Weihnachten fliehen will? Oder wie die Weihnachtsgeschichte sich anhören würde, wenn Donald Trump sie erzählen würde (du weißt schon, der Präsident von den Cowboys und Indianern)? Und wo man vielleicht auch viele ganz nützliche Anleitungen kriegt, zum Beispiel wie man Geschenkpapier selber bastelt. Von so einem Buch hätten wir alle was, also tu doch bitte für jeden aus der Familie ein Exemplar in deinen Sack, dann haben wir dieses Jahr ein richtig tolles Weihnachtsfest.
Schon jetzt vielen Dank,
deine Lena

PS: Mein großer Bruder Max hat neulich gesagt, es gibt dich gar nicht. Da hat er bestimmt Quatsch erzählt. Wenn er aber doch Recht hat, kannst du diesen Brief dann an das Christkind weitergeben? Danke.

PPS: Und wenn es nicht zu viel Mühe macht, kannst du vielleicht auch was dagegen tun, dass Tante Inge mich immer so fest drückt und mich abküsst? Und dass Onkel Heiner nicht den ganzen Abend nach Wein und Zigaretten stinkt? Das wär' super.

PPPS: Und wenn das dann bedeuten würde, dass die beiden gar nicht kommen - damit hätte ich kein Problem.

INHALT

FALSCH   RICHTIG

ÖKO-ADVENTSKALENDER

ZUM AUSSCHNEIDEN

Im Zeitalter der Nachhaltigkeit *war es uns besonders wichtig, unseren Leserinnen und Lesern einen Adventskalender an die Hand zu geben, der höchsten ökologischen Anforderungen genügt. Der nur acht mal acht Zentimeter große Kalender wurde mit einem Minimum an Ressourcen produziert, bei seiner Herstellung wurden keine Tiere getötet – und das Beste: Bei schonender Behandlung ist er unendlich oft verwendbar. Denn unser Kalender beruht auf einer einzigartigen und patentgeschützten Idee: Es handelt sich um den weltweit ersten Adventskalender mit nur EINEM Türchen! Der Öko-Adventskalender ist zudem ein Muss für alle Menschen, die mit dem Suchen und Öffnen von 24 Türchen heillos überfordert sind. Deshalb ist er ein beliebtes Geschenk bei Kindern von null bis einem Jahr und Bewohnern von Demenzstationen.*

Die Herstellung ist ganz einfach: Türchen und Weihnachtsmotiv ausschneiden, Weihnachtsmotiv auf einen stabilen Karton kleben, Türchen so darüber kleben, dass man es öffnen kann – fertig!

TIPP:
Nach dem Öffnen das Wiederverschließen nicht vergessen!

GESCHICHTLICHER
ABRISS

20.000 v. Chr.

Weihnachten ist noch völlig unbekannt. Trotzdem legt der Cro-Magnon-Mensch Kevin Grgrkrgkr den Grundstock für eine später nicht mehr wegzudenkende Weihnachtstradition. In einer kalten Winternacht überrascht der ambitionierte Hobbykoch seine Familie mit einem neuartigen Gericht: ein mit Äpfeln und Maronen gefülltes und im Ofen langsam gegartes Mammut, serviert auf einem Bett aus vier Doppelzentnern Rotkohl. Damit schuf der Gourmet nicht nur den Vorläufer der Weihnachtsgans, sondern auch ein Gefühl, das Millionen Menschen heute untrennbar mit Weihnachten verbinden: Sodbrennen.

24.12.0

In der Nacht zum 25. Dezember wird Jesus Christus geboren. Für die meisten Menschen kommt das erste Weihnachtsfest allerdings viel zu überraschend und verläuft mangels Vorbereitungszeit entsprechend unspektakulär. Weihnachtsmärkte sind noch unbekannt, der verkaufsoffene Sonntag noch nicht erfunden und Adventskalender noch ferne Zukunft.

Nur in Nordafrika reagiert ein Holzhändler: Er lässt noch in derselben Nacht zwei Millionen Tannen fällen, um sie als Weihnachtsbäume anzubieten. Mangels Nachfrage verkauft er zwar nicht einen Baum, legt aber immerhin den Grundstock für die bezaubernde Wüstenlandschaft der späteren Sahara.

64 n. Chr.

Um in der Vorweihnachtszeit ein besonders schmackhaftes Getränk anbieten zu können, experimentiert der römische Weinhändler Claudius Spiritus damit, Wein und hochprozentigen Alkohol zu mischen und unter Beigabe von Gewürzen auf offenem Feuer zu erhitzen. Leider bleibt das geschmackliche Resultat

seiner Bemühungen der Allgemeinheit auf lange Zeit verborgen, da der Sud bereits beim ersten Versuch zusammen mit großen Teilen der römischen Innenstadt und des kompletten Kaiser-Nero-Palastes in einer gigantischen Stichflamme verpufft. Claudius Spiritus gilt daher nicht als Erfinder des Glühweins, aber als Schöpfer der vorweihnachtlichen Stadtbeleuchtung.

1502

Während einer Urlaubsreise im Erzgebirge schnitzt das italienische Allround-Talent Leonardo da Vinci aus einem Stück Birkenholz das funktionstüchtige Modell eines Hubschraubers und schenkt es der dort ansässigen Bevölkerung. Da die Sachsen keine

Verwendung für ein Gerät sehen, mit dem man problemlos in kurzer Zeit große Distanzen zurücklegen könnte, führen findige Einheimische den Flugapparat

einer sinnvolleren Bestimmung zu: Die Weihnachts-
pyramide ist geboren und beginnt ihren Siegeszug um
die Welt.

14.06.1947

Beim Testflug eines Rentierschlittens stürzt der
Weihnachtsmann nordwestlich der im amerikanischen Bundesstaat New Mexico gelegenen
Kleinstadt Roswell ab. Nur das fehlerfreie Rezitieren
von Weihnachtsgedichten und das Versprechen, bei
der kommenden Bescherung besonders großzügig
zu sein, bewahren den Weihnachtsmann davor, von
neugierigen Wissenschaftlern als Außerirdischer ob-
duziert zu werden.

01.05.1960

Wieder entgeht der Weihnachtsmann nur knapp einer
Katastrophe: Diesmal stürzt er südlich von Jekaterin-
burg in der damaligen Sowjetunion ab und gerät in
sowjetische Gefangenschaft. Mithilfe westlicher und
östlicher Geheimdienste kann der Weihnachtsmann
jedoch bald darauf im Rahmen
einer spektakulären Aktion auf
der Glienicker Brücke bei Pots-
dam gegen das sich zu dieser
Zeit in westlicher Haft be-
findende „Väterchen Frost"
ausgetauscht werden.

WIE BINDE ICH EINEN ADVENTSKRANZ?

Der echte Weihnachtsfan wird sein Wohnzimmer natürlich nicht mit einem gekauften Adventskranz ausstatten, sondern mit einem selbst gebundenen schmücken – eine schöne, alte Tradition, die auch Sie zu Hause ohne große Vorkenntnisse ausführen können. Was Sie dazu brauchen, ist schnell besorgt:

- ein Rohling aus Stroh
- mehrere Bund Tannengrün (je nach Größe)
- grüner Basteldraht
- 4 Kerzen
- ein Schraubenzieher
- eine Flasche Ethanol (2 Liter)

ARBEITSSCHRITT 1: Schneiden Sie Zweige vom Tannengrün ab, legen jeweils mehrere zusammen und versuchen Sie dann, die Bündel mithilfe des Basteldrahts am Rohling zu befestigen.

ARBEITSSCHRITT 2: Werfen Sie nach etwa 10 Minuten einen prüfenden Blick auf das wirre, verfilzte Knäuel, das Sie zuwege gebracht haben und das noch nicht mal entfernt an einen Adventskranz erinnert. Gestehen Sie sich nun ein, dass ein grobmotorisch veranlagter Bewegungslegastheniker wie Sie sogar mit einer derart simplen Bastelarbeit hoffnungslos überfordert ist.

ARBEITSSCHRITT 3: Befördern Sie Tannengrün, Kerzen, Stroh-Rohling und Basteldraht in den Hausmüll. Dann nehmen Sie Schraubenzieher und Ethanol zur Hand und begeben sich zum Haus Ihrer (in Bastelarbeiten sehr versierten) Nachbarin. Nachdem Sie sich vergewissert haben, dass niemand daheim ist, brechen Sie die Tür auf und greifen sich den selbst gebastelten Adventskranz von der Diele.

ARBEITSSCHRITT 4: Verschütten Sie nun großzügig das Ethanol im Nachbarhaus und legen Sie dann ein Feuer. So wird das Verschwinden des Adventskranzes unbemerkt bleiben.

ARBEITSSCHRITT 5: Kehren Sie nach Hause zurück, stellen Sie den Adventskranz auf die Anrichte im Wohnzimmer und löschen Sie das Licht. Genießen Sie nun den Anblick der exquisiten Bastelarbeit im gemütlichen Feuerschein des brennenden Nachbarhauses. Sie können stolz auf sich sein.

W eihnachten – das Fest, an dem wir die Geburt
Jesu Christi vor mehr als 2.000 Jahren feiern.
Aus dieser Zeit ist ein einzigartiges Dokument erhalten geblieben, welches Aufschluss über die damals
vorherrschenden wirtschaftlichen Verhältnisse gibt:

Schenkungssteuererklärung Josef von Nazareth

Steuerklasse: 4 (verheiratet)
Kinder: 1 (adoptiert)
Zuständiges Finanzamt: Jerusalem Mitte
Konfession: röm.-kath. (demnächst)

Zeitpunkt der Schenkung: 24. Dezember 0

Verhältnis zwischen Beschenktem und Zuwender:
nicht bekannt.(Zuwender reisten einem Stern hinterher und
trafen so auf den Beschenkten.)

Einkünfte aus Schenkung:
Gold, Myrrhe, Weihrauch. Wert: 57 Denar, 3 Sesterzen und
12 Asse (grob geschätzt), Weihrauch von minderwertiger
Qualität, da ausländisches Importprodukt.

Absetzbare Unkosten zur Erlangung der Schenkung:
Reisekosten Nazareth - Betlehem, 157 Kilometer. 1 Esel und
12 Ballen Heu (Wert: 2 Denar, 4 Asse)

Übernachtungskosten:
1 Übernachtung in der Pension „Zum gemütlichen Stall",
Bethlehem. (Doppelzimmer ohne Frühstück: 1 Denar, 2 Sesterzen)

Zusatzkosten Übernachtung:
1 Zustellbett (Krippe, 3 Asse)
Parkplatz für Esel (2 Asse)
Bewirtungskosten für 3 heilige Könige (Geschäftsessen,
12 Denar, 8 Asse inkl. Trinkgeld, siehe Bewirtungsbeleg)
1 XXL-Packung Windeln. (1 Denar, 4 Asse)

Die Schenkungssteuer trägt:
☐ Der Beschenkte
☐ Der Zuwender
X Gott

DIE BESTEN SÄTZE, ...

... DAMIT AN WEIHNACHTEN SO RICHTIG DER BAUM BRENNT

Fühlen Sie sich wie ein Außenseiter, weil Weihnachten bei Ihnen zu Hause so harmonisch abläuft, während bei den meisten anderen Familien die Stimmung aufgeheizter ist als bei einem Wrestling-Kampf? Dann gibt es jetzt gute Nachrichten für Sie! Wir haben Ihnen einige Sätze zusammengestellt, bei denen Sie sicher sein können, dass auch bei Ihnen zu Weihnachten richtig schön Feuer unterm Dach sein wird.

- -

Wenn Ihre Partnerin sich extra wegen Weihnachten für 200 Euro eine neue Frisur hat schneiden lassen: *„Also, Schatz, mit deiner neuen Frisur siehst du wirklich aus wie ein Weihnachtsengel ... die haben auch immer so einen lustigen Topfschnitt."*

- -

Wenn Sie wissen, dass Ihr Partner oder Ihre Partnerin und deren gesamte bei der Feier anwesende Familie seit Jahrzehnten an Heiligabend eine bestimmte Reihenfolge einhält: *„Heute machen wir's mal anders: Erst das Essen und* dann *die Bescherung. Andersrum machen es ja wirklich nur* absolute Vollpfosten."

Wenn Ihr Partner oder Ihre Partnerin nach acht Stunden am Herd erschöpft das Essen auf den Tisch stellt und fragt: „Wie schmeckt's?": *„Die Kartoffeln sind gut geschält."*

Wenn Ihre kleinen Kinder staunend den Geschichten der Großeltern übers Christkind lauschen und Ihrem/Ihrer Partner/in Tränen der Rührung in die Augen schießen: *„Aber das wisst ihr doch schon längst, oder!? Es gibt gar kein Christkind. Und auch keinen Weihnachtsmann!"*

Wenn Ihre Kinder in der Kita in mühevoller Arbeit über Tage und Wochen ein Geschenk für Sie gebastelt haben: „*Was soll ich denn mit diesem hässlichen Papphaufen? Ich hab' euch doch gesagt, dass ich mir die neue iWatch wünsche.*"

Wenn Sie bei der Bescherung gerade Ihre eigenen Geschenke ausgepackt haben und Ihr/e Partner/in und Ihre Kinder Sie erwartungsvoll anschauen: „*Ich Dummi! Jetzt hab' ich doch tatsächlich die ganzen Geschenke im Büro liegen lassen.*"

Wenn Ihre Eltern und Ihre Schwiegereltern an Heiligabend mit Ihnen feiern und Sie bereits sehr viel Alkohol getrunken haben, erheben Sie leicht schwankend das Glas: „*Mein Schatz, ich möchte dir an diesem Abend danken: für unsere wundervolle Ehe, unsere wundervollen Kinder und die wundervolle Idee, wirklich all die Menschen einzuladen, die ich am meisten hasse!*"

Wenn Sie einen dieser Sätze oder besser gleich mehrere davon, an Heiligabend im Kreise Ihrer Familie zum richtigen Zeitpunkt fallen lassen, können Sie sicher sein, dass das Weihnachtsfest eines definitiv *nicht* sein wird: harmonisch. Viel Erfolg!

DONALD TRUMP:

Augustus, fantastic president. Rules the Roman Empire. Greatest Empire in the world. Except for the Third Reich. And the US. Told Joseph and Mary to go to Bethlehem. Parents of Jesus. Great saviour of the world. The best. After me. Did a great job, but was born in a barn. Not in a hotel. Very sad. I have many hotels. They're the best. By the way: Those shepherds look like terrorists from ISIS. My friend Augustus should bomb the shit out of them.

QUIZ

WAS WISSEN SIE ÜBER
WEIHNACHTEN?

Sie feiern es jedes Jahr. Aber was wissen Sie eigentlich über Weihnachten? Wir haben ein paar Fragen zusammengestellt, mit denen Sie spielend einfach Ihre Kenntnisse über das Fest der Liebe testen können.

FRAGE 1: Was feiern wir an Weihnachten?

a) die neue Weinkönigin *(0 Punkte)*

b) das Fest der Unterhaltungselektronik *(0 Punkte)*

c) Gar nichts. Weihnachten ist eine Erfindung von Coca-Cola. *(0 Punkte)*

d) Da wurde Josef von den Protestanten am Kreuz verbrannt, oder? *(-50 Punkte)*

FRAGE 2: Wie heißen die leiblichen Eltern von Jesus Christus?

a) Christo und Jeanne Claude *(0 Punkte)*

b) Dick und Doof *(- 50 Punkte)*

c) Maria und Josef *(1 Punkt)*

d) Maria und Jehova *(50 Punkte)*

F R A G E 3 : Was ist der Stern von Bethlehem?

a) ein israelisches Wochenmagazin *(-10 Punkte)*

b) der Heimatplanet von Luke Skywalker *(0 Punkte)*

c) der Hauptstern unserer Nachbargalaxie:
Bethlehemgeuze *(0 Punkte)*

d) Sorry, ich kenn nur Lauras Stern. Ist dieser
Bethlehem ein Freund von ihr? *(0 Punkte)*

F R A G E 4 : Wie heißen die drei Weisen aus
dem Morgenland?

a) Kasper, Seppl und Gretel *(0 Punkte)*

b) Kapstadt, Jericho und Baltikum *(0 Punkte)*

c) Tick, Trick und Track *(0 Punkte)*

d) Keine Ahnung. Ich kenn nur die drei heiligen Könige: Johann König, Ralf König und der König von Mallorca (-10 Punkte)

FRAGE 5: Was ist die **Krippe?**

a) Eine durch Viren verursachte Infektionskrankheit (0 Punkte)

b) Heißt es nicht „das Krippe"? Ein anderes Wort für Skelett? *(-10 Punkte)*

c) Ist das nicht dieses lustige Hütchen, das jüdische Männer manchmal aufhaben? *(0 Punkte)*

d) Da haben sie das Jesuskind hineingelegt. Keine Ahnung warum. So ein Ding gehört ja eigentlich in den Tierstall. *(1 Punkt)*

FRAGE 6: Welcher der folgenden Songs ist ein Weihnachtslied?

a) White Christmas *(10 Punkte)*

b) White Wedding *(0 Punkte)*

c) White Russian *(-10 Punkte)*

d) White Springen *(-50 Punkte)*

FRAGE 7: Vervollständigen Sie: Erst eins, dann zwei, dann drei, dann vier …

a) … dann steht das Christkind vor der Tür. *(10 Punkte)*

b) … und danach trink ich *noch* ein Bier. *(0 Punkte)*

c) … beim fünften Kind kastrier' ick mir. (Berliner Redensart) *(0 Punkte)*

d) … dann fünf. *(-10 Punkte)*

FRAGE 8: Wer verbirgt sich hinter der Bezeichnung „Christkind"?

a) Dumme Frage – das Kind von Christus. *(0 Punkte)*

b) Dumme Frage – das Kind von Chris Tall. *(0 Punkte)*

c) Dumme Frage – das Kind von Kris Kristofferson. *(0 Punkte)*

d) Dumme Frage – der Besitzer vom Nürnberger Christkindl-Markt. *(0 Punkte)*

AUSWERTUNG:

----

0 PUNKTE UND WENIGER: *Sie wissen von Weihnachten so viel wie Wladimir Putin vom Häkeln. Sie schicken Ihre Kinder jedes Jahr an Heiligabend mit Laternen auf die Straße, weil der Osterhase sonst keine Geschenke bringen würde. Und immer, wenn Sie am Tag darauf zur Arbeit erscheinen, wundern Sie sich, dass außer Ihnen niemand da ist.*

----

1 BIS 9 PUNKTE: *Sie haben das Wort „Weihnachten"
immerhin schon mal gehört. Und zwar in der
TV-Werbung. Deshalb wissen Sie auch, dass Sie viele
Geschenke kaufen müssen. Für wen auch immer.*

----

10 BIS 20 PUNKTE: *Ihnen kann man über Weihnachten nicht jeden Quatsch erzählen. Sie wissen zumindest, dass Maria und Josef kein Volksmusik-Duo sind und Jesus Christus nicht den Reichstag verhüllt hat.*

----

21 PUNKTE UND MEHR: *Respekt!
Waren Sie damals in Bethlehem
dabei? Sie wissen mehr über
Weihnachten als der Engel,
die Hirten und die Heiligen
Drei Könige zusammen.*

ANATOMIE EINES AMOKLAUFS

6:15 Uhr

Irmtrud Wöhler (45) schreckt mit dem
Aufschrei „Um Gottes Willen, Schatz –
hast du das Geschenk für Max abgeholt?!"
aus dem Schlaf. Der Angesprochene,
ihr Ehemann Ralf (45), erwacht daraufhin ebenfalls und murmelt: „Geschenk?
Für Max? Ach ja, irgendwas war da ..."
Irmtrud, im vollen Bewusstsein, dass
ihr Sohn ein nie wiedergutzumachendes
Trauma erleiden wird, wenn er dieses
Jahr nicht „Han Solo's Landspeeder" aus
der Lego-Star-Wars-Edition geschenkt
bekommt, nimmt ihrem Mann das feier-
liche Versprechen ab, im Laufe des
Vormittags das Geschenk im Spielzeug-
laden abzuholen.

6:45 Uhr

Der Radiowecker weckt das Ehepaar Wöhler
mit dem Song „Last Christmas" der Gruppe
Wham!. Dieses Mal ist es Ralf, der mit
einem Schreckensruf aus dem Schlaf
fährt: „Äh, ich hatte dir doch erzählt,
dass meine Mutter schon heute Morgen
kommt?!" Irmtruds Verneinung wird durch
ein energisches Klingeln an der Haustür
verschluckt.

„Fast sieben und noch niemand wach? Was ist das hier, eine Hippie-Kommune?" ein, nimmt Putzlappen und Schrubber aus der Abstellkammer und beginnt – trotz Irmtruds Beteuerungen, das Haus am Vortag ausgiebig gesäubert zu haben – mit einer erneuten Grundreinigung. Dabei schaltet sie das Radio ein, in dem der Song „Last Christmas" der Gruppe Wham! läuft.

8:10 Uhr

Gerade als sie mit dem Schmücken des Weihnachtsbaums beginnen will, hört Irmtrud einen markerschütternden Schrei aus der Küche: Leonie, ihre 12-jährige Tochter, ist soeben auf die auftauende Weihnachtsgans gestoßen. Das Mädchen erklärt, als überzeugte Vegetarierin, unter diesen Umständen das Weihnachts-fest zu boykottieren. Hierauf kündigt die inzwischen herbeigeeilte Sieglinde Wöhler an, dass sie ihre üblicherweise außerordentlich großzügigen Geldge-schenke zurückziehen werde, wenn sie dieses Jahr nicht ein schönes tradi-tionelles Weihnachten inklusive a) Weihnachtsgans mit Maronenfüllung, b) Goldengel auf der Spitze des Weihnachts-baums und c) gemeinsamen Besuch der Christmette erleben könne. Daraufhin stapft Leonie wütend ins Wohnzimmer, wobei sie gewohnheitsmäßig das Fernseh-gerät einschaltet, in dem der Song „Last Christmas" der Gruppe Wham! läuft.

9:20 Uhr

Irmtrud hetzt durch den Supermarkt. Dabei hatte sie schon vor Tagen alle Einkäufe erledigt – nur leider ausge-rechnet die Maronen vergessen. An der Kasse wartet sie mit ihrem einzelnen

Päckchen verschrumpelter Maronen in einer endlosen Schlange von Kunden mit überquellenden Einkaufswagen. Die Stimmung ist gereizt, niemand lässt Irmtrud vor. Aus den Lautsprechern ertönt der Song „Last Christmas" der Gruppe Wham!.

10:45 Uhr

Irmtrud kehrt aus dem Supermarkt zurück. Im Flur begegnet sie ihrer Schwester Marion, die gerade zusammen mit ihrem Mann Werner eingetroffen ist. Während Werner sich sofort auf die Suche nach Alkoholika begibt, bemängelt Marion, dass „hier ja gar nichts los" sei und legt eine mitgebrachte Weihnachts-CD in den CD-Player ein. Als der erste Track ertönt („Last Christmas" von der Gruppe Wham!), zeigt sich Sieglinde Wöhler erfreut, dass endlich jemand für Weihnachtsstimmung sorgt und wendet sich an ihren Sohn Ralf, der inzwischen das Schlafzimmer verlassen hat, mit der Frage: „Warum hast du nicht die geheiratet, du Esel?" Bevor Irmtrud beleidigt reagieren kann, wird ihr plötzlich klar, dass Ralf immer noch seinen Pyjama trägt. Sie spricht ihn darauf an. Ralfs Antwort lautet: „Ach ja, das Einkaufscenter. Ich wusste, irgendwas war da noch." Damit entfernt er sich, um sich anzuziehen, wobei er den Song „Last Christmas" der Gruppe Wham! vor sich hinträllert.

11:35 Uhr

Es klingelt. Diesmal ist es Annegret Diederich, Irmtruds Mutter, die trotz ihrer fortschreitenden Demenz den Weg zu ihrer Familie gefunden hat und ihre Tochter mit den Worten: „Den Leuten im Supermarkt muss man mal Bescheid

stoßen – kein einziger Schokoladenhase
weit und breit, und das am Ostersams-
tag!" begrüßt.

12:20 Uhr
Irmtrud setzt gerade den Goldengel auf
die Spitze des Weihnachtsbaums, da hört
sie Stimmen aus dem Esszimmer. Hier hat
ihr Schwager Werner, in der Hoffnung auf
Kognakfüllungen zu stoßen, den gesamten
Schokoladenbestand des Weihnachtstel-
lers verspeist und singt nun seinem
Neffen Max umgedichtete Weihnachtslie-
der vor: „Schneeflöckchen, Weißröckchen,
wann kommst du geschneit? Du wohnst in
den Wolken und ich bin schon breit". Um
ihren Sohn dem schädlichen Einfluss
seines Onkels zu entziehen, erlaubt Irmtrud ihm, an der Playstation „Guitar
Hero" zu spielen. Er beginnt sofort,
eines seiner Lieblingsstücke anzu-
stimmen: den Song „Last Christmas" der
Gruppe Wham!.

12:45 Uhr
Irmtrud bemerkt, dass die Weihnachtsgans sich nicht mehr im Ofen befindet.
Stattdessen bräunt dort jetzt ein Oster-
zopf vor sich hin. Irmtruds Mutter hat
zu diesem Zweck die gesamten Mehl- und
Eiervorräte der Wöhlers aufgebraucht –
und die Maronen.

12:55 Uhr
Gerade hat Irmtrud die Gans in den Ofen
zurückgeschoben, da kehrt ihr Mann aus
dem Einkaufzentrum zurück. Allerdings
hat er versehentlich nicht „Han Solo's
Landspeeder", sondern den „Kessel Run
Millennium Falcon" erworben. Sein Kom-
mentar dazu lautet: „Wenn ich den Kram

nicht auseinanderhalten kann, kann das
der Junge bestimmt auch nicht". Irmtrud
steht zum ersten Mal kurz davor, die
Nerven zu verlieren.

13:25 Uhr
Irmtrud kauft ein weiteres Mal Maronen im Supermarkt. An der Kasse gelingt
es ihr dieses Mal vorgelassen zu werden, indem sie einen Kreislaufkollaps
vortäuscht.

13:55 Uhr
Irmtrud erreicht das Spielwaren-
geschäft im Einkaufszentrum kurz vor
Ladenschluss. Schnell geht sie auf das
Star-Wars-Regal zu, in dem zu ihrer
Erleichterung noch ein letzter „Landspeeder" steht. Da klingelt ihr Handy:
ein Panikanruf von Ralf. Seine Mutter droht mit sofortiger Abreise, da
Leonie – um gegen den Kirchenbesuch
zu protestieren – den Goldengel vom
Weihnachtsbaum geholt und ihn unter Verwendung der Küchenschere geköpft hat.
Irmtrud legt das Drama unter Aufbie-
tung ihrer letzten psychischen Kräfte
fernmündlich bei. Als sie sich umdreht,
merkt sie, dass „Han Solo's Landspeeder"
verschwunden ist. Sie ist wie betäubt
und kann kaum noch etwas wahrnehmen –
außer vielleicht den Klängen des Songs
„Last Christmas" der Gruppe Wham!, die
aus den Lautsprechern säuseln.

14:40 Uhr
Im Zustand tiefster Niedergeschlagenheit
kehrt Irmtrud zurück. Ihre Familienmitglieder werfen ihr vor, mit ihrer
düsteren Miene die Weihnachtsstimmung
kaputtzumachen.

16:00 Uhr
In der Kirche beginnt die Christmette.
Irmtrud lehnt sich erleichtert zurück,
endlich findet sie bei Kerzenlicht und
traditionellen Weihnachtsliedern ein
wenig Ruhe. Da kündigt der Pastor an,
dass der Kirchenchor dieses Jahr mal
etwas Modernes eingeübt hat: den Song
„Last Christmas" der Gruppe Wham!.

16:01 Uhr
Krippe, Christbäume und die gesamte
Weihnachtsdekoration sind Opfer einer
beispiellosen Gewaltorgie geworden, die
Kirchenbesucher sind inzwischen auf der
Flucht vor der Verrückten, die soeben
mit einer der Hirtenfiguren in der Hand
den Pastor jagt.

16:02 Uhr
Einer der Ochsen durchschlägt das
Kirchenfenster.

16:02 Uhr und 10 Sekunden
Maria und Josef durchschlagen
das Kirchenfenster.

16:02 Uhr und 20 Sekunden
Der Chorleiter durchschlägt
das Kirchenfenster.

23:30 Uhr
In einer Zelle der städtischen Nerven-
klinik genießt die neuaufgenommene
Patientin Irmtrud Wöhler die nächtliche
Ruhe, wobei sie unaufhörlich leise vor
sich hinsummt. Nur wer sich ganz nah an
sie herantraut, kann darin die Melodie
des Songs „Last Christmas" der Gruppe
Wham! erkennen.

DIE WEIHNACHTSGESCHICHTE
ERZÄHLT VON

- - - - - - - -

GEORGE LUCAS:

- - - - - - - -

SIEG **DES STERNS**
EPISODE IV
EINE NEUE HOFFNUNG

Es herrscht Bürgerkrieg. Maria und Josef folgen dem Ruf der Prinzessin Gali-Lea und

eilen zu einem geheimen Stützpunkt bei Bethlehem. Dort erringen sie ihren ersten Sieg

gegen das böse Römische Imperium, indem sie der Welt einen Erlöser schenken: Jesus

Skywalker. Zusammen mit dem Hirten Han Solo und einem zotteligen, seltsame Laute

von sich gebenden Wesen, das in späteren Überlieferungen als Esel beschrieben wurde,

wollen sie den Kampf weiterführen. Während der Geburt des Erlösers ist es einem

Erzengel gelungen, den Standort des Stützpunktes in Erfahrung zu bringen und mit

einem gigantischen Stern, dem sogenannten „Todesstern", zu markieren, dessen

Leuchtkraft ausreicht, um drei heilige Könige aus einer anderen Galaxie anzulocken. Sie

beschenken den Erlöser mit Gold und den zwei mächtigsten biologischen Kampfstoffen

des Universums: Weihrauch und Myrrhe. Nachdem überraschend Gott auftaucht und

sich seinem Sohn als naher Verwandter offenbart („Jesus – ich bin dein Vater!"), fasse

Maria und Josef den Plan, mithilfe der beiden das Volk zu retten und der Galaxis d

Freiheit wiederzugeben ...

AUSZUG AUS DEM KYLOTHISCHEN KONVERSATIONS- LEXIKON

Spätestens seit den investigativen Dokumentarfilmen „Men in Black" und „Men in Black 2" dürfte bekannt sein, dass unser Heimatplanet nicht nur von Menschen, sondern auch von außerirdischen Lebensformen bevölkert ist. Weniger bekannt dürfte sein, dass einige dieser Lebensformen[1] Nachschlagewerke erstellt haben, in die sie auch Punkte aufgenommen haben, die sie bei den Menschen besonders exotisch fanden. Hier ein entsprechender Eintrag aus der *Encyclopedia Kylothica – Edition Deutschland*:

Weih|nach|ten: auch „Weihnachtsfest" oder „Christfest" genannt. Die Menschen gedenken hier dem Tag, an dem Jesus geboren wurde. Er ist nach der Überzeugung eines nicht unerheblichen Teils der Menschheit der Sohn eines übernatürlichen Wesens, auf das die Erschaffung des Planeten Erde zurückgeht (→ siehe „menschliche Formen des Aberglaubens"). Viele glauben zudem, Jesus' Mutter habe Kinder empfangen, ohne sich vorher zu paaren (→ siehe „menschliche Formen psychischer Erkrankungen"). In Deutschland wird Weihnachten vor allem am Abend des 24. Dezembers („heiliger Abend") gefeiert – nach dem kylothischen Kalender am 2ten Blorb des 35ten Hink.

---

1   Im vorliegenden Fall die Kylothen, eine extrem aggressive Alien-Art, die die Form menschlicher Körper annehmen können.

Die vier Wochen vor dem Weihnachtsfest bezeichnet man als Advent, das lateinische Wort für „Ankunft". Der Begriff wurde vermutlich gewählt, weil die Menschen in dieser Zeit zu Tausenden in den Handelszentren ihrer Städte „ankommen", um dort so lange von einem Geschäft zum nächsten zu eilen, bis die Anzahl der Einkaufstüten die Anzahl ihrer Finger, mit denen sie die Tüten festhalten, übersteigt. Oder sie versammeln sich, ebenfalls zu Tausenden, auf speziellen Märkten, die ausschließlich im Advent geöffnet sind, und konsumieren dort meist mehrere Tassen eines alkoholhaltigen Heißgetränks auf Traubenbasis. Dadurch wollen sich die Menschen in einen Zustand versetzen, der es ihnen ermöglicht, der offensichtlich zu Folterzwecken eingesetzten musikalischen Beschallung auf diesen Märkten seelisch standzuhalten. Häufig setzen sie sich während dieser Prozedur rote Zipfelmützen auf, an denen grell blinkende Lichterketten befestigt sind. Oder ein Elchgeweih.

In den letzten Tagen vor Weihnachten steigt bei den Menschen die Vorfreude auf das Weihnachtsfest stetig an. Die erwachsenen Weibchen zeigen dies vor allem durch einen erhöhten Aggressivitätslevel gegenüber ihrem Partner, die Männchen durch einen erhöhten Alkoholkonsum, gerne auch außerhalb der eigenen vier Wände.

Während die Weibchen in dieser Zeit ihre zuvor schon regen Kaufaktivitäten noch verstärken, ziehen die Männchen für ihre Einkäufe erst am Morgen des 24. Dezembers los. Und um den sogenannten „Weihnachtsbaum" zu besorgen. Der Weihnachtsbaum ist ein Nadelgewächs, das in den Wochen vor Weihnachten geschlagen und am 24. im Wohnzimmer der Menschenfamilie aufgestellt wird, wo man es anschließend mit farbigen Kugeln und mit Streifen einer silbern oder golden glänzenden Folie behängt. Anschließend vertrocknet der Baum langsam, um dann

wenige Tage nach dem Weihnachtsfest auf die Straße geworfen zu werden. Ein faszinierender Bestattungsritus, denn anders als bei den Menschen, deren Gräber erst *nach* ihrem Ableben geschmückt werden, geschieht dies beim Weihnachtsbaum bereits *vor* seinem Ableben.

Weihnachten wird auch als das „Fest der Liebe" bezeichnet und die Menschen auf dem gesamten Planeten bekunden ihre Liebe während des Festes auf die mehr oder weniger gleiche Art. Zunächst verbringt das Weibchen mehrere Stunden in einem Raum, der zur Zubereitung von Mahlzeiten dient, um ihre Familie anschließend damit zu füttern. Stellt sie die Mahlzeit schließlich auf den Tisch, verschlingen die übrigen Familienmitglieder diese meist wortlos. So zeigen sie offenbar ihre tiefe Dankbarkeit gegenüber der Mutter bzw. der Geschlechtspartnerin.

Anschließend packen alle nacheinander ihre sogenannten „Geschenke" aus. Diese rekrutieren sich zu einem Großteil aus den Einkäufen, die die Familienmitglieder im Vorfeld des Festes getätigt haben. Hier besteht die Liebesbekundung für die Schenkenden meist in einem achtlos wirkenden Aufreißen des Geschenkpapiers und einem im Anschluss hervorgebrachten, halblauten Stöhnen oder Grunzen. Am Ende dieses eindrucksvollen Rituals werden häufig liebevolle Sätze geäußert, wie: „Ach du Scheiße, das hat mir ja gerade noch gefehlt!" oder „Mann, das hab' ich doch schon! Kannst du nie zuhören, wenn ich was sage?!"

Zu den wechselseitigen Liebesbekundungen an Weihnachten gehört offenbar auch, große Mengen Alkohol zu trinken, sich anschließend lautstark anzuschreien und währenddessen die Gesichter zu grotesken Grimassen zu verzerren. Manchmal schlagen die Menschen ihrem Gegenüber vor lauter Zuneigung sogar auf die Wange, ziehen es an den Haaren oder stoßen es mit Schwung in den Weihnachtsbaum. Danach weinen diese Menschen häufig, um ihrer tiefen emotionalen Rührung Ausdruck zu verleihen.

Meist gehen die Mitglieder der Familie noch am selben Abend auseinander. Die Eltern bleiben zu Hause und legen sich schlafen: das Weibchen im Bett, das Männchen auf dem Sofa. Die Kinder hingegen, sofern sie älter als 14 Jahre sind, gehen in eine sogenannte „Kneipe" und konsumieren dort weitere alkoholhaltige Getränke, und zwar so lange, bis sie die von ihrer Mutter zubereitete Mahlzeit als breiige Masse wieder hervorwürgen – vermutlich, um ihre hungrigen Altersgenossen in der Kneipe mit Nahrung zu versorgen. Eine bemerkenswerte Variante der Verhaltensweise von Vögeln, bei denen üblicherweise die Muttertiere die Speisen hervorwürgen, um ihre Küken zu füttern.

Anmerkung: Manche Familien verzichten an Weihnachten auf die oben beschriebenen Rituale. Sie bestellen sich stattdessen über ein altertümliches Kommunikationsgerät eine sogenannte „Pizza XXL" und verzehren diese, während sie sich in einem altertümlichen Unterhaltungsgerät einen Weihnachtsfilm-Klassiker anschauen, wie „Nightmare on Elm Street" oder „Saw 2". *[ser]* [2]

---

2   Kürzel der Verfasserin Serleena, einem kylothischen Monster, das die Gestalt eines Unterwäschemodels angenommen hat.

BASTELANLEITUNG:
SELBST GEMACHTES
GESCHENKPAPIER

Der Trend geht immer mehr zu selbst gefertigten Weihnachtsgeschenken. Wäre es da nicht konsequent, die liebevoll gebastelten Präsente statt in schnöde gekauftem Geschenkpapier in selbst gemachtem zu verpacken? Dieser Wunsch muss kein Traum bleiben. Denn Geschenkpapier selbst zu machen, ist ganz einfach:

1. Baum pflanzen.
2. 15 Jahre warten.
3. Baum fällen, Blätter sorgfältig entfernen.
4. Baumholz in zwei Millimeter große Würfel zerkleinern.
5. 5.000 Liter Wasser zum Kochen bringen.
6. Baumwürfel hineingeben und zwei Wochen kochen lassen.
7. Den entstehenden Baumbrei zwischendurch immer wieder fein pürieren.
8. Baumpüree auf vier Hektar großem sauberen Tuch gleichmäßig verteilen.
9. Zweites Tuch darüberlegen und das Ganze mit einer handelsüblichen Dampfwalze ausrollen.
10. Die Tücher mit dem dazwischen befindlichen Baumpüree zum Trocknen aufhängen.
11. Tücher entfernen – fertig!

Das selbst gefertigte Geschenkpapier kann nun nach Belieben bemalt oder bedruckt (Kartoffeldruck) werden! Viel Spaß!

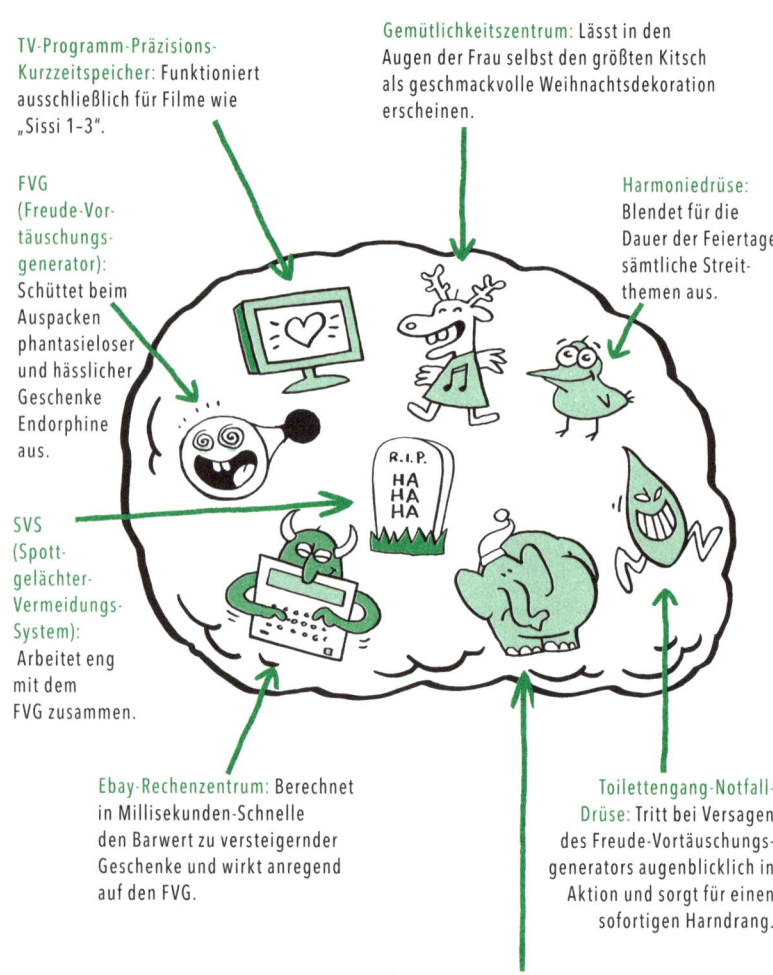

TV-Programm-Präzisions-Kurzzeitspeicher: Funktioniert ausschließlich für Filme wie „Sissi 1–3".

Gemütlichkeitszentrum: Lässt in den Augen der Frau selbst den größten Kitsch als geschmackvolle Weihnachtsdekoration erscheinen.

FVG (Freude-Vor-täuschungs-generator): Schüttet beim Auspacken phantasieloser und hässlicher Geschenke Endorphine aus.

Harmoniedrüse: Blendet für die Dauer der Feiertage sämtliche Streit-themen aus.

SVS (Spott-gelächter-Vermeidungs-System): Arbeitet eng mit dem FVG zusammen.

Ebay-Rechenzentrum: Berechnet in Millisekunden-Schnelle den Barwert zu versteigernder Geschenke und wirkt anregend auf den FVG.

Toilettengang-Notfall-Drüse: Tritt bei Versagen des Freude-Vortäuschungs-generators augenblicklich in Aktion und sorgt für einen sofortigen Harndrang.

Kalorien-Cortex: Rechnet jede aufgenommene Nahrung in die zu erwartende Gewichtszunahme um.

BEIM MANN

TV-Programm-Präzisions-Kurzzeitspeicher: Funktioniert ausschließlich für Filme wie „Die Hard 1–3".

FAT (Faule-Ausreden-Thalamus: Generiert Ausreden, warum der Mann entgegen der Absprache plötzlich doch nicht mit zu den Verwandten kann.

Notfall-Grippe-Simulator: Tritt bei Versagen des Faule-Ausreden-Thalamus in Aktion.

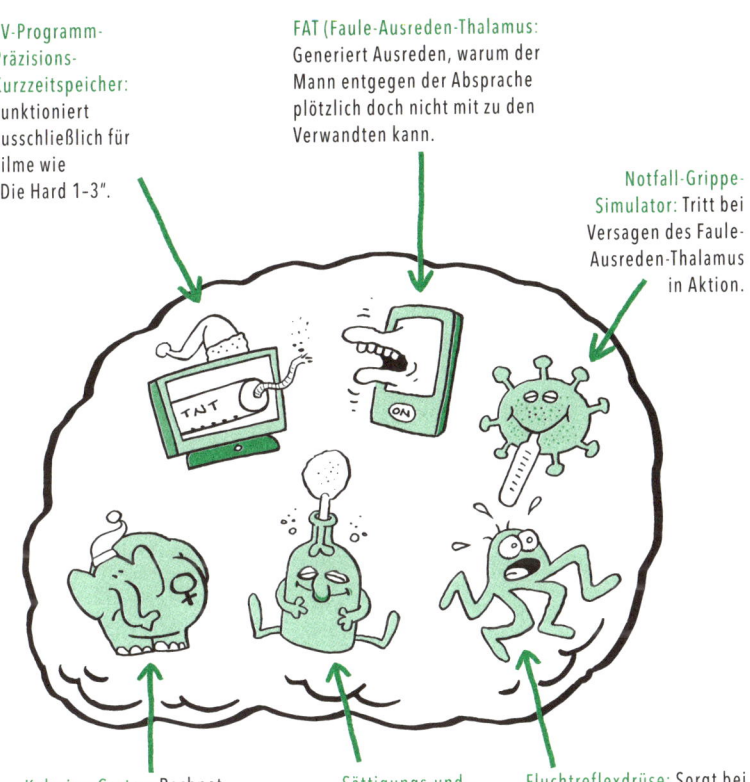

Kalorien-Cortex: Rechnet jede von der Partnerin eingenommene Nahrung in die zu erwartende Gewichtszunahme um.

Sättigungs-und-Trunkenheits-antagonist: Ermöglicht die unbegrenzte Einnahme von Nahrung und alkoholischen Getränken.

Fluchtreflexdrüse: Sorgt bei erwartetem Gegenbesuch der Verwandten für große Unruhe beim Mann und lässt ihn entweder a) dringend zum Zigaretten-automaten (auch wenn er Nichtraucher ist), b) in den Garten oder c) einfach so ein paar Stunden um den Block gehen.

SERVICE FÜR DIE LESER
DAS NOTGESCHENK

Jeder kennt diese Situation: Plötzlich ist der 24. Dezember da und Sie haben völlig vergessen, ein Geschenk für Ihre Liebste/Ihren Liebsten zu besorgen. Die Folge: Enttäuschung, Tränen unterm Weihnachtsbaum, Beziehungskrise, Trennung.

Doch das muss nicht sein!

Denn als besonderen Service für unsere Leser präsentieren wir hier unser Notgeschenk: Einen liebevoll gestalteten Universalgutschein, der sich je nach Geldbeutel und Zuneigung zum Beschenkten individuell zusammenstellen lässt. Einfach ausschneiden, nichtzutreffende Passagen streichen und das Fest der Liebe ist gerettet!

(Nichtzutreffendes jeweils streichen!)

Geschenkgutschein
über ein Wochenende/einen Tag/zwei Stunden
im Hotel Adlon/im Kaufhaus/im Keller
zum Ausspannen/Shoppen/Aufräumen
inkl. Abendessen im 3-Sterne-Restaurant/
Fritten-Tempel/mit trockenem Brot.
Fahrtkosten übernehme ich/übernimmst du/
fallen nicht an)

Frohe Weihnachten wünscht
dir/mir Dein/e

....

Grün ausmalen

(Auf die gepunktete Linie Ihren Namen schreiben!)

NIKOLAUS UND KNECHT RUPRECHT AUF YouTube

Bei YouTube gibt es zahlreiche Videos von Weihnachtsfeiern mit dem Nikolaus und Knecht Ruprecht. Hier die User-Kommentare zu einem Video, das in der Kita „Die Wichtelmützen" in Kyritz an der Knatter aufgenommen wurde:

Mr. Brain vor 15 Minuten
Ey, Leute, hab hier grad das Video von der Feier im Kindergarten gesehen. Die zwei Typen haben voll die Geschenke rausgehauen für die Kids! Daumen hoch!

SuperGAU33 vor 15 Minuten
Find ich cool.

Der dunkle Lord vor 15 Minuten
Ja, ich auch. Aber irgendwie haben die ziemlich schwule Klamotten an. Wisst ihr, wer die sind?

SuperSuperGAU33 vor 14 Minuten
Meine Mutter hat gesagt, der große Typ heißt Nikolaus und der kleine Typ Hecht Rupert oder so.

Mr. Brain vor 14 Minuten
Nee, Knecht Robert.

Der dunkle Lord vor 14 Minuten
Knecht klingt voll schwul. Und Nikolaus auch.

SuperGAU33 vor 14 Minuten
Der Nikolaus-Typ hat 'n Buch aus Gold oder so. Der muss voll reich sein. Der ist bestimmt Jude.

Mr. Brain vor 14 Minuten
Stimmt. Der Stab sieht aus wie der von Moses.

Der dunkle Lord vor 13 Minuten
Aber sein Hut sieht aus wie der vom Papst.

SuperGAU33 vor 13 Minuten
Ist der Papst nicht auch Jude?

Der dunkle Lord vor 12 Minuten
Vielleicht isser jüdischer Papst …

Der dunkle Lord vor 12 Minuten
Scheiß auf den Nikolaus. Habt ihr euch mal diesen Knecht-Typ angeschaut? Der ist komplett schwarz.

SuperGAU33 vor 12 Minuten
Bestimmt ein Flüchtling.

Der dunkle Lord vor 11 Minuten
Hundert pro. Aber warum hat der so 'nen komischen Ast in der Hand? Ist das ein Grüner?

Mr. Brain vor 11 Minuten
Ey, Leute, haltet euch fest! Ich hab' grad Nikolaus gegoogelt. Der Typ kommt aus der Türkei.

Der dunkle Lord vor 10 Minuten
Krasse Scheiße! Dann ist er beim IS.

Mr. Brain vor 10 Minuten
Wieso das denn?

Der dunkle Lord vor 10 Minuten
Alle Türken sind beim IS. Und alle Schwarzen.

SuperGAU33 vor 9 Minuten
Krass! Zwei Terroristen vom IS in einem deutschen Kindergarten. Das kann nur eins bedeuten …

Der dunkle Lord vor 9 Minuten
Die wollen sich als Erzieher bewerben?

SuperGAU33 vor 8 Minuten
Bullshit! Das bedeutet, in den Päckchen sind keine Geschenke, sondern Sprengdinger.

Mr. Brain vor 8 Minuten
Du meinst Sprengsätze.

SuperGAU33 vor 7 Minuten
Ja, sorry, mit Sätze hab' ich immer Probleme. Aber jetzt wisst ihr, was hier läuft, oder?

Der dunkle Lord vor 7 Minuten
Logisch … äääh, was denn?

SuperGAU33 vor 7 Minuten
Ist doch völlig klar: Ein schwuler, schwarzer Flüchtling von den Grünen und ein schwuler, jüdischer Papst aus der Türkei machen für den IS ein Attentat in einem deutschen Kindergarten.

Mr. Brain vor 6 Minuten
Stimmt. Das klingt total logisch. Und die Schweine stellen das auch noch online.

Der dunkle Lord vor 6 Minuten
Sofort abschieben! Zurück nach Italien oder wo die herkommen.

SuperGAU33 vor 5 Minuten
Nee! Direkt erschießen! Am besten schon an der Grenze.

Der dunkle Lord vor 5 Minuten
An welcher Grenze?

SuperGAU33 vor 5 Minuten
Na zwischen Italien und Deutschland.

Der dunkle Lord vor 4 Minuten
Super Idee! Man sollte sich diese zwei Drecks-terroristen mal so richtig vorknöpfen!!!

SuperGAU33 vor 4 Minuten
Oder gleich AUFknöpfen!

Mr. Brain vor 3 Minuten
Das sind genau die Typen, die uns unser schönes Land kaputtmachen. Und warum?

SuperGAU33 vor 3 Minuten
Ja. Warum?

Mr. Brain vor 3 Minuten
Weil sie einfach zu blöd sind.

SuperGAU33 vor 1 Minute
Krass …

UNGESCHICKTE
▌▌▌▌▌ GESCHENK- ▌▌▌▌▌
VERPACKUNGEN

Was gibt es Schöneres, als den Liebsten am Heiligabend beim Auspacken ihrer Geschenke zuzusehen? Ahnen sie, welche Überraschung im Päckchen auf sie wartet? Doch Vorsicht: Es gibt Geschenke, die man nicht einfach nur in Geschenkpapier einwickeln darf, wenn man Wert auf einen möglichst großen Überraschungseffekt legt!

Hier drei der erschütterndsten Beispiele ungeschickt gewählter Verpackungen aus der Vergangenheit:

Geschenk des Orgh Grsgrak an seine Gattin Drops. (Dieses Geschenk sollte eine besondere Überraschung sein, da Orgh um die Tierliebe seiner Frau wusste.) 16.256 v. Chr., Ostsibirien.

Geschenk der Adelheid Strump an ihren Gatten Heinz, Hochseefischer. 1765, Husum.

Geschenk von Merites I. an ihren Gatten Cheops. 2.575 v. Chr., Ägypten, etwas südlich des Nildeltas.

COOLEN JUGENDLICHEN

Vor meeegalanger Zeit hat irgend so ein übelst krasser Babo gelabert, dass alle seine Digger in ihre Hood müssen, um sich irgendwie counten zu lassen, weißt-was-ich-mein'? Und da ging auch der Yussuf mit seiner Checkerbraut Maria an den Start und die Alte war voll schwanger und so und heftigst am struggeln, und trotzdem ham die zwei die Socken scharfgemacht und sind auf so 'nem Höcker-Vieh nach Bethelheim oder so. Aber weil sie sich bei TripAdvisor kein fucking Hotel mehr ziehen konnten, mussten sie da in so 'ner miesen Hütte pennen, die war voll der fail! Und in der Hütte hat Maria dann geworfen, 'nen Jungen, Rhesus oder so. Der war voll der Süßmo, echt nicenstein! Aber die Hirten-Squad, die da vor der Bude abgemerkelt hat, die kriegten voll Schiss und so und ham da unnormal reingestresst. Und plötzlich kam da son Flattermann und laberte: „Ey, Brudis, chillt mal eure Base, bleibt mal schön cremig." Da war die Squad total geflashed. Weil da ham sogar diese Vollhonks gerafft, dass dieser Jiggy-jiggy-Jesus der krasseste Checker von allen war, der war echt gediegen. Alder, der Bro war später voll fame, der war der Ober-Babo. Der hat diese Messias-Kiste voll genagelt. Und die Römer dafür ihn ... Übelst heftiger Scheiß, ich schwör'!!!

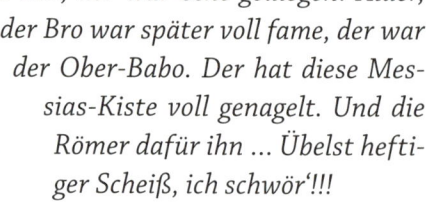

TAGEBUCH
EINES RENTIERS

19. Dezember, Nordpol: Habe mich hier gut eingelebt und bin gespannt, was auf uns alles wartet. Was für eine Ehre, dass ich dieses Jahr ausgewählt wurde, zusammen mit acht Kollegen den Schlitten des Weihnachtsmannes zu ziehen! Wir sind gewissermaßen die Elite unter den Rentieren. Nicht, dass ich mir was drauf einbilde, aber so ein 08/15-Rentier ist doch weit entfernt von den Laufzeiten, die wir im Training erreichen. Was für ein Leben, und auch die Kameradschaft ist super!

20. Dezember: Verdammt, heute kam der letzte Neuzugang rein. Ein Typ namens Rudolph – eitler Pfau mit affiger roter Nase. Ich wette, der will Leittier werden. Aber da hat er sich geschnitten – das ist mein Job.

21. Dezember: Es geht doch nichts über ein bisschen gezieltes Mobbing. Habe die anderen überzeugt, dass es sich bei dem Neuen um einen Profilneurotiker handelt, der für Führungsaufgaben komplett ungeeignet ist. Der Junge hat keine Chance gegen mich. Als designiertes Leittier sah ich es danach als meine Pflicht an, den bevorstehenden Einsatz mit dem Weihnachtsmann durchzusprechen. „Okay, Boss, wie ist der Plan?", fragte ich, „wie viele

Geschenke werden wir in der Weihnachtsnacht verteilen?"

„Alle."

„Entschuldigung, ich glaube, ich verstehe nicht ganz. Was genau bedeutet ‚alle'?"

Es stellte sich raus, dass der alte Trottel tatsächlich davon ausging, jedes einzelne Kind auf der Welt geschenke-technisch zu versorgen. Das ist total absurd! Selbst der Versuch wäre schon selbstmörderisch. Na ja, sicher gibt es eine Gewerkschaft, die sich um so was kümmert.

22. Dezember: Gibt es nicht. Noch nicht mal der Tier-schutzbund oder der WWF fühlen sich zuständig. Wir sind ganz auf uns allein gestellt. Also redete ich noch ein-mal mit dem Alten, um ihm klarzumachen, dass wir bei dem tiefen Schnee bestenfalls die Nordspitze von Lappland entlangfahren könnten. Doch der Boss lachte nur: „Wieso Schnee? Wir werden fliegen!"

Langsam wird mir klar, dass wir es offenbar mit einem Verrückten zu tun haben. Er hält sich wohl für eine Art Nils Holgersson und glaubt allen Ernstes, wir seien so eine

Art Graugänse mit Hufen. Am besten seile ich mich unauffällig ab und steige aus der ganzen Sache aus. Irgendwo in der Nähe wird es schon einen Tierarzt geben, der mich krankschreiben kann.

23. Dezember: Gibt es nicht. Beziehungsweise, es gibt einen, aber der sitzt etwa 3.000 Kilometer weit entfernt. Auf meine telefonische Anfrage antwortete er mit unangebracht guter Laune: „Nur ein bisschen Geduld, mein Guter, in zehn bis zwölf Wochen bin ich bei Ihnen" Ich hab's ja schon immer gesagt: Das Gesundheitssystem muss dringend reformiert werden.

Es ist undenkbar, dass ich bei diesem Himmelfahrtskommando mitmache. Ich bin doch kein Selbstmörder. Wie komme ich da nur raus?

24. Dezember: Als wir heute Morgen zur Futterkrippe kamen, konnte man vor lauter Nebel den Huf kaum vor Augen sehen. Das hat mich auf eine geniale Idee gebracht: Bei der letzten Lagebesprechung vor Beginn der Tour schlug ich dem Boss vor, dem Neuen den Platz an der Spitze zu überlassen – mit seiner roten Nase könnte er uns im Nebel den Weg leuchten. Der Gedanke ist so idiotisch, dass ich vor Lachen fast eine Portion halbverdauter Moose und Flechten in den Schnee geprustet hätte, als ich ihn vorbrachte. Aber das Unglaubliche geschah: Der alte Trottel ist tatsächlich auf den Schwachsinn eingegangen. Und ich kann unauffällig in der Masse mitlaufen, wo ich die erste Gelegenheit nutzen werde, um mich abzusetzen.

24. Dezember, nachts: Die erste kurze Pause seit Stunden. Wo wir sind? Keine Ahnung! Es ist tatsächlich alles wahr – wir fliegen um die Welt, in einem mörderischen Tempo. Keine Chance, aus dem Geschirr rauszukommen – die pausenlose Todesangst lähmt zudem jede Eigeninitiative. Die Kollegen, vor allem dieser Rudolph, scheinen es cool wegzustecken, aber ich wette, die stehen genauso unter Schock wie ich.

24. Dezember, etwas später nachts: Es wird immer schlimmer: Ich habe beobachtet, wie unser Boss in die Häuser der schlafenden Leute eindringt – durch den Kamin. Natürlich ist mir klar, dass das Hausfriedensbruch ist, ein krimineller Akt, bei dem ich gezwungenermaßen zum Mittäter werde. Was da drinnen passiert? Ich will es mir gar nicht vorstellen, tippe aber auf Drogenhandel. Wer weiß denn schon, was wirklich in dem Riesensack ist! Ja, erst jetzt erkenne ich den wahren Charakter unseres Arbeitgebers: Das teuflische Glitzern in den Augen, die in vorgetäuschter Liebenswürdigkeit zwinkern. Die roten Bäckchen: das Markenzeichen des haltlosen Alkoholikers – wie konnte ich das übersehen? Und schließlich das scheinbar so gutmütige „Ho, ho, ho", mit dem er in Wirklichkeit die Welt, die seine Maskerade der Harmlosigkeit nicht durchschaut, verspottet. Zu was ist dieser Mann noch alles fähig? Dieser Gedanke zerrüttet mich innerlich.

24. Dezember, noch etwas später nachts: Habe endlich versucht, während einer Landephase das Geschirr unauffällig abzustreifen – aber vergeblich: Die Riemen sitzen zu fest. Wir sind Gefangene eines internationalen Großverbrechers und ich bin der einzige, der es bemerkt hat. Aus der Ferne sieht es wohl so aus, als würde ich fröhlich mit den anderen durch die Luft fliegen – in Wirklichkeit aber bin ich auf der panischen Flucht vor diesem psychopathischen Irren im Schlitten hinter uns.

25. Dezember: Wieder daheim. Die Stimmung hier ist richtiggehend euphorisch, man beglückwünscht sich zu einem erfolgreichen Einsatz. Und tatsächlich, die begeisterten Reaktionen aus aller Welt lassen nur einen Schluss zu: dass es sich bei dem Weihnachtsmann weder um einen Verrückten noch um einen Kriminellen handelt, sondern vielmehr um einen Wohltäter und Philanthropen, der genau weiß, was er tut. Nun ja, im Grunde war mir das natürlich die ganze Zeit bewusst. Meine zeitweise erhöhte Wachsamkeit zeugt ja nur vom natürlichen Verantwortungsbewusstsein des geborenen Leittieres. Der einzige Wermutstropfen ist, dass dieser naive Depp Rudolph mit Lob überhäuft wird. Dabei hat der triefnasige Simpel den Job nur machen können, weil er in seiner provinziellen Arglosigkeit von den potenziellen Gefahren überhaupt nichts geahnt hat. Aber warte nur – meine Chance wird kommen. Nächstes Jahr ...

PERFEKTE ORTE

… wenn man sich **Weihnachten** aus dem Staub machen will

W eihnachten ist nicht nur das Fest der Liebe, sondern auch das Fest der Krise. Der Familienkrise. Um dem enormen Stress und den alkoholbefeuerten Streitereien zu entfliehen, gibt es eine simple Lösung: Feiern Sie Weihnachten weit weg von Zuhause. Am besten sehr weit weg. Wir haben die attraktivsten Orte für Sie zusammengestellt.

Falls Sie keinen totalen Bruch vollziehen und doch noch irgendwie an Weihnachten erinnert werden möchten, empfehlen wir:

Die Weihnachtsinsel (10° 27' S, 105° 41' O)

Die Hauptstadt dieser kleinen Insel im Indischen Ozean heißt „Flying Fish Cove", zu Deutsch: Fliegende-Fische-Bucht. Wer Ruhe sucht, wird sie hier definitiv finden.

Pro: Auf der Weihnachtsinsel können Sie komplett abschalten und sich herrlich meditativen Beschäftigungen widmen, wie der

Beobachtung der Großen Achatschnecke und der Gelben Spinnerameise.

Contra: Falls Sie doch noch die Lust überkommt, mit anderen Weihnachten zu feiern – die genannten Lebewesen sind leider auch die einzigen auf der Insel und Weihnachtsfeiern mit Achatschnecken und Spinnerameisen gelten als eher einseitig und ermüdend.

Die Christmas Mountains (47° 10' N, 66° 40' W)

Die Christmas Mountains in der kanadischen Provinz New Brunswick bestehen aus neun Gipfeln. Acht davon wurden nach den Rentieren von Santa Clause benannt. Märchenhafter und abgeschiedener geht es kaum.

Pro: Ruhe pur. Das einzige, was Sie hier hören werden, ist das Geheul eines hungrigen Wolfes oder das laute Brausen einer herannahenden Lawine.

Contra: Beides könnte das Letzte sein, was Sie jemals hören werden.

Bethlehem (40° 38' N, 75° 23' W)

Gemeint ist nicht das Original, sondern die kleine Stadt im Osten Pennsylvanias (USA), gegründet als Hauptort einer pietistischen Brüdergemeinde. Diese glaubten u. a. an Tierwesen, die dem gekreuzigten Jesus seine Leiden versüßen sollten: die Blutwundenfischlein, die in seinem Blut schwammen, die Wunderbienlein, die seine Wunden befruchteten und die Kreuzvöglein, die ihn am Kreuz trösteten.

Pro: Hier werden Sie zwar auch Weihnachten feiern, allerdings wie im 18. Jahrhundert: völlig abgekoppelt vom Stress und den Belästigungen der modernen Welt.

Contra: Da Sie für die Einwohner Bethlehems vermutlich den ersten Kontakt zur Außenwelt seit über drei Jahrhunderten darstellen, könnten diese Sie fälschlicherweise für den auferstandenen Erlöser halten und zum Mittelpunkt eines sehr realistischen Passionsspiels machen – unter Beteiligung der oben erwähnten Tierwesen.

Wenn Sie sich komplett von Weihnachten lossagen wollen, wählen Sie:

Die Osterinsel (27° 7' S, 109° 21' W)

- -

Schon der Name der Insel legt nahe, dass ihre Einwohner definitiv nichts mit Weihnachten zu tun haben wollen. Und: Die Osterinseln sind *noch* abgeschiedener als die Christmas Mountains. Das nächstgelegene bewohnte Eiland ist gut 2.000 Kilometer entfernt, der nächstgelegene bewohnte Kontinent sogar 3.500 Kilometer.

Pro: Die Wahrscheinlichkeit, dass Ihre Familie Ihnen bis hierher folgt, um mit Ihnen Weihnachten zu feiern, liegt weit unter null.

Contra: Sollte Ihre Familie Ihnen wider Erwarten doch bis hierher folgen, liegt Ihre Chance zur spontanen Flucht ebenfalls weit unter null.

Wenn Sie die Garantie haben wollen, dass an Ihrem Reiseziel definitiv NICHT Weihnachten gefeiert wird, empfehlen wir:

Das Hauptquartier des IS (wechselnd)

Ein absoluter Traum für Weihnachtsmuffel! Dass hier *irgend*jemand Weihnachten feiert, ist so wahrscheinlich wie die reale Existenz der Zahnfee.

Pro: Nichts kann Sie hier an Weihnachten erinnern: Es gibt keinen Weihnachtsbaum, keine Krippe, keinen Alkohol, kein Christkind und keine Jungfrau Maria ...

Contra (für Männer): Sie werden binnen 24 Stunden zum Selbstmordattentäter umgeschult. Das heißt, Sie haben zwar weiterhin nichts mit der Jungfrau Maria zu schaffen, dafür aber schon bald mit 72 anderen.

TÄTIGKEITEN, MIT DENEN WIR UNS IM ADVENT AUF WEIHNACHTEN VORBEREITEN

FRAUEN

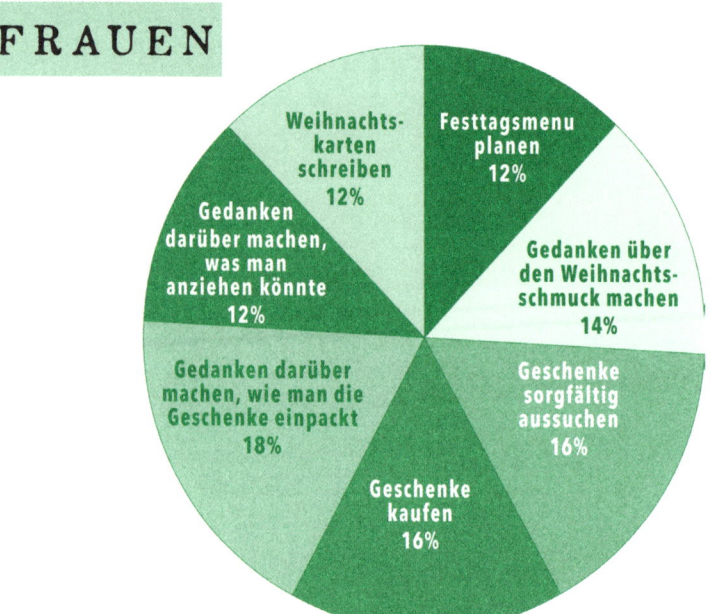

- Weihnachtskarten schreiben 12%
- Festtagsmenu planen 12%
- Gedanken über den Weihnachtsschmuck machen 14%
- Gedanken darüber machen, was man anziehen könnte 12%
- Gedanken darüber machen, wie man die Geschenke einpackt 18%
- Geschenke sorgfältig aussuchen 16%
- Geschenke kaufen 16%

MÄNNER

Nichts
100%

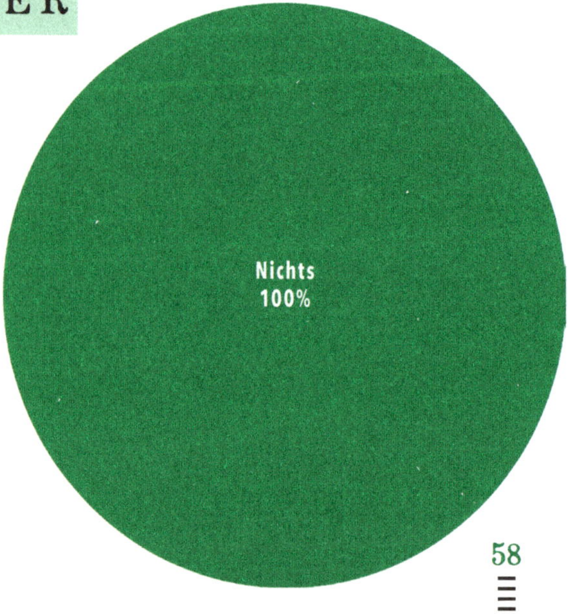

TÄTIGKEITEN, MIT DENEN WIR UNS AM 24.12. TAGSÜBER BESCHÄFTIGEN

̣RAUEN

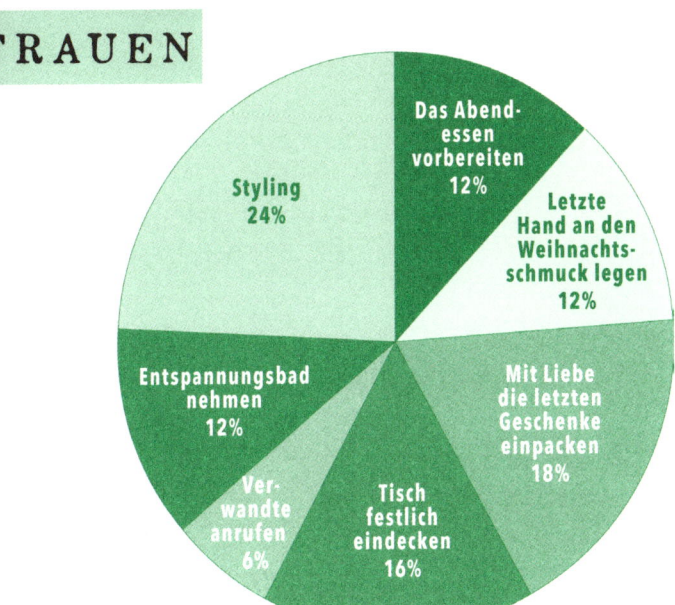

Das Abendessen vorbereiten 12%

Letzte Hand an den Weihnachtsschmuck legen 12%

Styling 24%

Mit Liebe die letzten Geschenke einpacken 18%

Entspannungsbad nehmen 12%

Verwandte anrufen 6%

Tisch festlich eindecken 16%

̈ANNER

Hektisch Geschenkgutscheine schreiben 100%

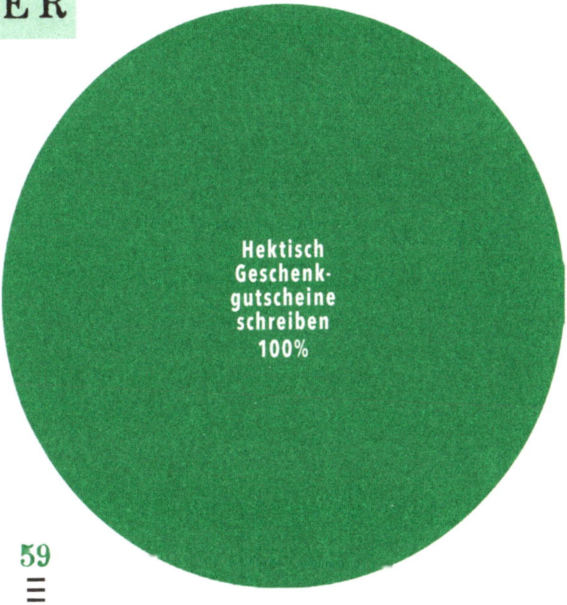

TÄTIGKEITEN, MIT DENEN WIR UNS AM 24.12. NACH DER BESCHERUNG BESCHÄFTIGEN

MÄNNER

Sich über unfassbar phantasievolle Geschenke freuen
100%

FRAUEN

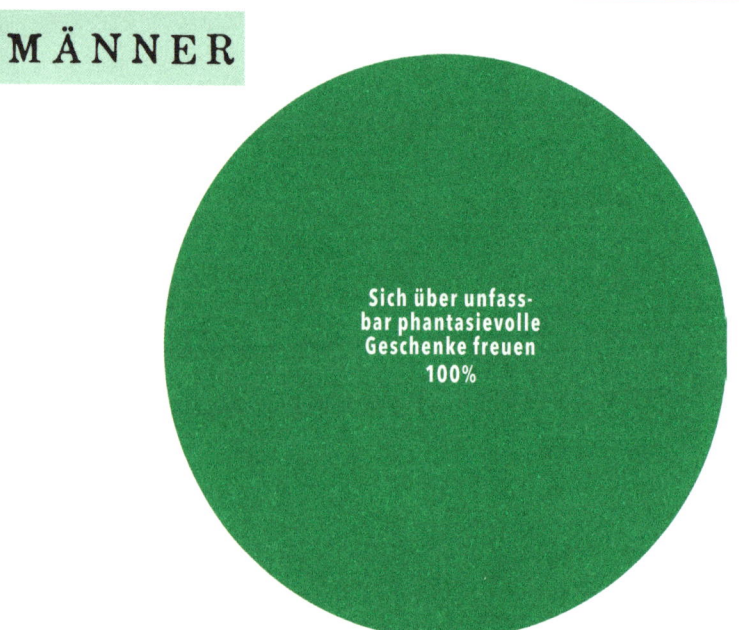

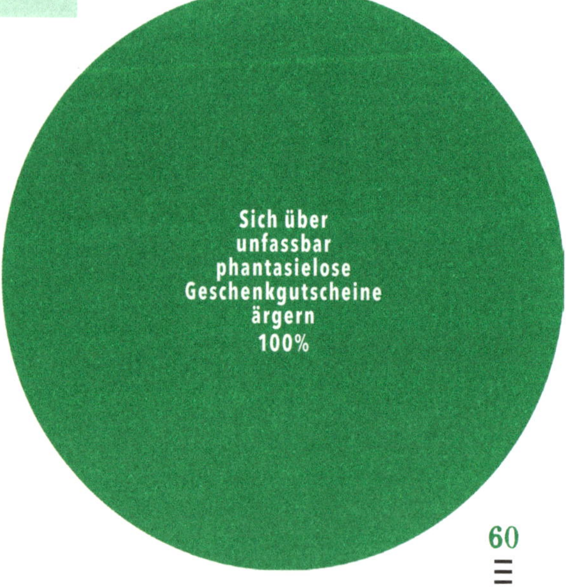
Sich über unfassbar phantasielose Geschenkgutscheine ärgern
100%

TÄTIGKEITEN, MIT DENEN WIR UNS AM 25.12. BESCHÄFTIGEN

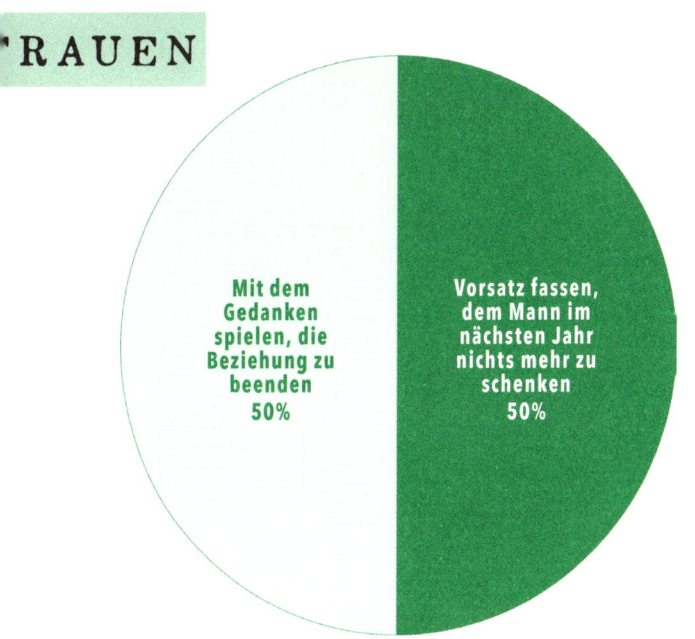

FRAUEN

Mit dem Gedanken spielen, die Beziehung zu beenden
50%

Vorsatz fassen, dem Mann im nächsten Jahr nichts mehr zu schenken
50%

MÄNNER

Sich freuen, dass alles so harmonisch verlaufen ist
50%

Den Vorsatz fassen, es im nächsten Jahr genauso zu machen
49%

Kurz darüber nachdenken, ob man es noch besser hätte machen können und dann den unsinnigen Gedanken sofort wieder verwerfen.
1%

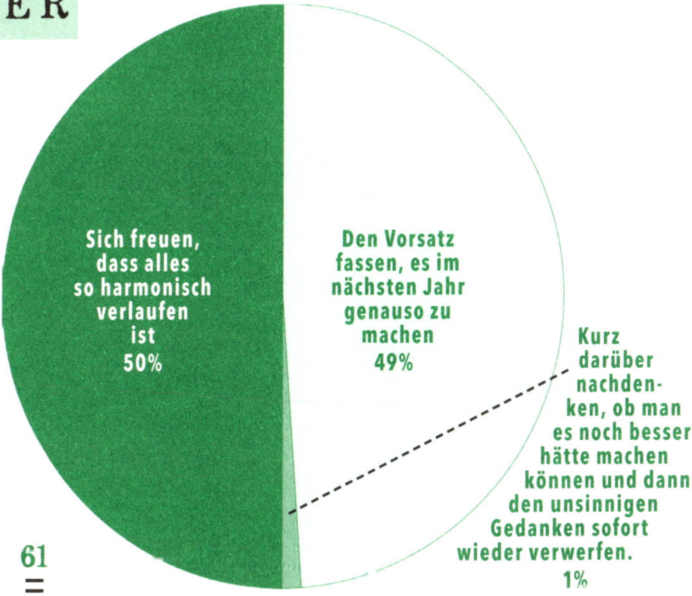

CHRISTKIND VS.
WEIHNACHTSMANN

Früher war Weihnachten ganz einfach: Es gab den heiligen Nikolaus – und damit hatte es sich. Konkurrenz war nicht in Sicht. Doch dann kam Martin Luther, strich sich missmutig über die Tonsur und grummelte: „Ein Heiliger? Wie altmodisch! Wir brauchen frischen Wind!" Und so tauchte kurz darauf das Christkind am Weihnachtshimmel auf. Mit schwerwiegenden Folgen, denn bis heute tobt der erbarmungslose Zweikampf zwischen dem Christkind und dem Weihnachtsmann, der modernen Inkarnation des heiligen Nikolaus. Wir haben die beiden auf Herz und Nieren geprüft und können nun endlich die Frage beantworten:

Wer ist der bessere Geschenkbringer?

Fortbewegung:

Die Last der Geschenke für mehrere hundert Millionen Kinder bewältigt das Christkind allein mithilfe eines Paares (zudem noch formschöner) Flügel. Der Weihnachtsmann dagegen benötigt für den Transport derselben Last bei gleicher Zeit ein Gespann mit neun Rentieren. Effizienz sieht anders aus.

Wertung: Klarer Punkt für das Christkind.

Arbeitskleidung:

Der Weihnachtsmann kleidet sich der Jahreszeit entsprechend angemessen mit Mantel, Mütze und dicken Stiefeln. Die Arbeitskleidung des Christkindes dagegen besteht aus einem dünnen Hemdchen. Ein Kleidungsstück, das eher in den Hochsommer gehört und somit – zumindest in unseren Breitengraden – völlig ungeeignet scheint. Das einzige Accessoire ist eine goldene Krone – hier verrät sich möglicherweise eine bedenklich antidemokratische Gesinnung.

Wertung: *Klarer Punkt für den Weihnachtsmann.*

Ethische Standards:

Beim Christkind wird die enorme Arbeitslast (Transport und Verteilung von mehreren Milliarden Geschenken im Akkordtempo) von einer extrem geringen Anzahl minderjähriger Arbeitskräfte (1) erledigt. Neueinstellungen zur Entlastung sind in den letzten vierhundert Jahren nicht erfolgt. Selbst in den korruptesten Dritte-Welt-Ländern herrscht ein höherer Ethikstandard.

Der Weihnachtsmann hingegen lässt die gesamte Produktion von körperlich gehandicapten Zwergwüchsigen (euphemistisch „Weihnachtselfen" genannt) in einer Art privater Förderwerkstatt durchführen. Tarifverträge gibt es, soweit man weiß, nicht. Hier wird eine sozial benachteiligte Randgruppe gnadenlos ausgebeutet.

Wertung: Keinen Punkt für beide.

Öffentlichkeitsarbeit:

Das Christkind taucht weder in Romanen noch in Filmen auf und ist kaum auf Plakaten zu sehen. Selbst ostwestfälische Handarbeitskreise betreiben eine professionellere Öffentlichkeitsarbeit.
Der Weihnachtsmann hingegen hat nicht nur einen öffentlichkeitswirksamen Erkennungsspruch kreiert

(„Ho, ho, ho!"), er hat es auch geschafft, in zahllosen Büchern und Filmen als Hauptfigur besetzt zu werden. Dazu gehören: „Santa Clause" sowie „Santa Clause – Eine schöne Bescherung", „Santa Clause 2 – Eine noch schönere Bescherung" und „Santa Clause 3 – Eine frostige Bescherung".

Wertung: *Wer die oben genannten Filme gesehen hat, für den ist klar: Punkt für das Christkind.* 🎄

Verfügbarkeit:

Das Christkind ist noch nie gesehen worden (außer von der Frau, die das Gedicht „Denkt euch, ich habe das Christkind gesehen …" geschrieben hat).
Der Weihnachtsmann hingegen ist nicht nur in der Weihnachtsnacht unterwegs, sondern zeigt sich ganz ungeniert auch auf öffentlichen Plätzen, Weihnachtsmärkten, in amerikanischen Einkaufsmalls und in der Coca-Cola-Werbung.

Wertung: *Trotz des hohen Nerv-Faktors: Punkt für den Weihnachtsmann. Im Vergleich zum Christkind sind selbst nordkoreanische Diktatoren Musterbeispiele für Transparenz und Volksnähe.* 🎅

Gesamtwertung:

Unentschieden. Der ewige Zweikampf geht also in die nächste Runde.

Weihnachtslieder
reloaded

O DU FRÖHLICHE *(für den deutschen Fußballfan – in memoriam 2014)*

> O du fröhliche, oh du selige,
> titelbringende WM-Zeit!
> 22 Spieler und nie sind wir Verlierer:
> Freue, freue dich, o Fußballfan!
>
> O du fröhliche, o du selige,
> titelbringende WM-Zeit!
> Jogi ist gekommen, hat das Turnier gewonnen:
> Freue, freue dich, o Fußballfan!
>
> O du fröhliche, o du selige,
> deutsche Nationalmannschaft!
> Brasilien hat verloren, mit sieben zu eins Toren:
> Freue, freue dich, o Fußballfan!

KOMMET, IHR HIRTEN *(für Fans des Trash-TV – Teil 1)*

> Kommet, ihr Kinder, ihr Männer und Fraun,
> Kommet, das RTL-Dschungelcamp zu schaun!
> Sehet, ein Star ist heute geboren,
> den ihr zum König euch habt erkoren.
> Fürchtet euch nicht.

VOM HIMMEL HOCH, DA KOMM ICH HER
(für Apple-Fans)

Vom Silikon-Tal, da komm ich her,
ich bring euch Handys und noch mehr.
Der Handys bringe ich so viel,
davon ich sing'n und sagen will.

Euch ist ein iPhone heut geborn,
das neuste, das ist ganz weit vorn,
ein Handylein so krass und fein,
das soll sehr hip und trendy sein.

Es war der Steve Jobs, unser Gott.
Doch jetzt ist Stevie leider tot.
Dem iPhone hat es nicht geschad't,
Es bleibt der Führer auf dem Markt.

STILLE NACHT *(für Fans des Trash-TV – Teil 2)*

Lange Nacht! Durchzechte Nacht!
Alles schläft, einsam wacht
nur das traute Geissen-Paar,
holder Knabe mit lockigem Haar,
ruft: „Carmen, du Luder, du!
Carmen, du Luder, du!"

Lange Nacht! Durchzechte Nacht!
Geissen-Frau, o wie lacht
lieb aus ihrem Botox-Mund
und dann tut sie es ihrem Mann kund:
„Robeeeert, lass mich in Ruh'!
Robeeeeert, lass mich in Ruh'!"

O TANNENBAUM *(für Kraftsport-Fans)*

O Fitnessraum, o Fitnessraum,
wie schön machst du mein Sixpack!
Ich pump mich voll mit Protein,
Testosteron und Codein.
O Fitnessraum, o Fitnessraum,
wie schön machst du mein Sixpack!

SCHNELLTEST

Haben Sie das Zeug zum WEIHNACHTS-MANN?

Zukunftssorgen, Angst vor Jobverlust und gesellschaftlichem Abstieg – als Weihnachtsmann kennt man solche Probleme nicht. Der Job ist auf geraume Zeit gesichert, die Arbeitszeiten sind moderat (eine Nacht pro Jahr) und Mobbing gibt's auch nicht. Kein Wunder, dass sich viele Menschen fragen: Wäre das nicht auch was für mich? Doch nicht jeder bringt die Voraussetzungen mit, um eine erfolgreiche Karriere als Weihnachtsmann hinzulegen. Unser Test verrät Ihnen, wie Ihre Chancen stehen.

FRAGE 1: *Markenzeichen des Weihnachtsmannes ist sein in einem wohltönenden Bass vorgetragenes „Ho, ho, ho". Mit wem wird IHRE Stimme üblicherweise verglichen?*

a) Donald Trump *(-10.000 Punkte)*

b) Kermit, der Frosch *(0 Punkte)*

c) Heidi Klum *(0 Punkte)*

d) Ich habe einen wohltönenden Bass. Aber einfach mal so rumlachen? Ich mach mich doch nicht zum Affen! *(0 Punkte)*

FRAGE 2: *Was ist die Höchstgeschwindigkeit für den Rentier-Schlitten, mit dem der Weihnachtsmann unterwegs ist?*

a) 50 km/h innerhalb geschlossener Ortschaften und 30 km/h in Tempo-30-Zonen. Daran muss sich natürlich auch der Weihnachtsmann halten. *(0 Punkte)*

b) Höchstgeschwindigkeit? Gibt's nicht – schließlich will ich den Job nur deshalb machen, um mit dem geilen superschnellen Schlitten alles wegzurammen, was mir in den Weg kommt. *(0 Punkte)*

c) Was die Höchstgeschwindigkeit ist, wird sich noch zeigen, wenn ich erst mal Ballast abgeworfen hab – zum Beispiel diesen großen Sack mit unnötigem Plunder, der den Schlitten nur ausbremst. *(0 Punkte)*

d) Die Höchstgeschwindigkeit? Genauso schnell, wie man sein muss, um etwa 500.000.000 Haushalte in einer Nacht zu beliefern. Wenn man ein gutes Navi hat, sollte das kein Problem sein. *(10 Punkte)*

FRAGE 3: *Der Weihnachtsmann sollte sich während der Arbeitszeiten an einen gewissen Dresscode halten. Passt Ihr Modegeschmack dazu?*

a) Ja, denn ich liebe schreiende, bunte Farben – vor allem Rot. *(10 Punkte)*

b) Ja, denn ich liebe schreiende, bunte Farben – vor allem Pink. *(0 Punkte)*

c) Ich würde da eh so einiges ändern: Anthrazitfarbener Anzug mit einreihigem Jackett in schlanker Passform mit Doppelschlitz, dazu eine geschmackvolle Krawatte in gedeckten Farben. Als Weihnachtsmann bin ich immerhin Vertriebsleiter eines weltweit tätigen Spielzeuglieferanten – und damit so eine Art Topmanager. *(0 Punkte)*

d) Ich bin Nudist. Das macht doch nix, oder? *(-10 Punkte)*

FRAGE 4: *Was ist ein Rentier?*

a) Ein Tier, das rennt – sagt doch schon der Name. *(0 Punkte)*

b) Ein Typ, der von seiner Rente lebt. Blöde Frage. *(0 Punkte)*

c) Rentiere gibt's wirklich? Mann, ich dachte, das wär' eine Legende. *(0 Punkte)*

d) Keine Ahnung. Aber Tiere mit Hörnern machen mir ebenso Angst wie große Höhen, hohe Geschwindigkeiten, Kaltluft, Kinder, Feiertage und Elfen. Wie ist es, krieg ich jetzt den Job? *(-50 Punkte)*

FRAGE 5: *Was ist ein Kind?*

a) nervig *(0 Punkte)*

b) total nervig *(0 Punkte)*

c) Süß … so sagt man doch, wenn man von etwas total genervt ist, oder? *(0 Punkte)*

d) Kinder gibt's wirklich? Mann, ich dachte, das wär' eine Legende. *(0 Punkte)*

FRAGE 6: *Wie liefern Sie mitten in der Nacht ein Geschenk in einem Haus ab, dessen Bewohner schlafen?*

a) Ich werfe es einfach im Flug aus dem Schlitten. Wird schon passen – ich hab' schließlich 'ne Menge zu tun. *(0 Punkte)*

b) Ich klingele so lange an der Tür, bis jemand aufwacht und öffnet, lasse den Bewohner sich ausweisen und liefere das Geschenk ab – natürlich nur gegen eine ordnungsgemäß ausgestellte Quittung. *(0 Punkte)*

c) Ich steige durch den Kamin ein, bete, dass ich nicht steckenbleibe und platziere das Geschenk heimlich unter dem Weihnachtsbaum oder im aufgehängten Strumpf. *(10 Punkte)*

d) Ich zerschieße die Hauswand mit einer Panzerfaust, stürme das Haus, lasse das Geschenk da – und nehme als Kompensation für meine Mühe alles mit, was an Wertsachen so rumliegt. *(0 Punkte)*

FRAGE 7: *Welches dieser Geschöpfe ist KEIN Rentier des Weihnachtsmannes?*

a) Dancer *(0 Punkte)*

b) Prancer *(0 Punkte)*

c) Rudolph mit der roten Nase *(0 Punkte)*

d) Rudolf Scharping *(10 Punkte)*

AUSWERTUNG:

-10.060 bis 0 Punkte: GRINCH

1 bis 10 Punkte: OSTERHASE

11 bis 30 Punkte: WEIHNACHTSELF

über 30 Punkte: Glückwunsch, Sie sind die Idealbesetzung! Vermutlich sind Sie schon mit roter Mütze und Vollbart zur Welt gekommen, Sie Rentier-Flüsterer. Am besten, Sie bewerben sich noch heute für Ihren neuen Traumjob als … WEIHNACHTSMANN!

Mein erster selbst geschlagener WEIHNACHTSBAUM

18. DEZEMBER

Uschi meinte gestern, sie möchte dieses Jahr mal einen Weihnachtsbaum im Wohnzimmer stehen haben. Ich bin zum Baumarkt gefahren und habe dort für teure 40 Euro ein prächtiges Exemplar ergattert. Bin supergespannt, was Uschi sagt.

19. DEZEMBER

Uschi sagte, sie hätte sich unter einem Weihnachtsbaum etwas anderes vorgestellt. Meine Neuerwerbung sähe nicht aus wie ein Weihnachtsbaum, sondern wie ein Ensemble aus totem Holz mit drei Nadeln. Und warum ich nicht selber im Wald einen schlagen würde. Echte Männer täten so etwas. Und außerdem sei es billiger. Okay. Kein Problem.

20. DEZEMBER, 10:00 UHR

Heute Morgen bin ich mit einer Axt losgestiefelt und hab meinen ersten Baum gefällt. Zwar nicht im Wald, aber im Stadtpark. Da stehen auch schöne Bäume. Und eigentlich ist ja egal, woher der Baum kommt.

Ist es nicht. Meinte zumindest die Polizei. Und dass der Stadtpark öffentliches Eigentum sei. Bekomme eine Verwarnung von 120 Euro. Eine Anzeige wegen Sachbeschädigung folgt. Muss wohl doch in den Wald.

Heute Morgen bin ich in den Wald gefahren. Habe mir dort ein kräftiges Exemplar ausgesucht und mit der Axt zugeschlagen. Feste. So ein Baum ist ja ziemlich hart.

Mein Schienbein leider nicht. Im Kranken-haus meinten sie, ich hätte Glück gehabt, dass ich nicht voll getroffen habe.

Zweiter Versuch. Es dämmert zwar schon, ist aber noch hell genug, dass ich mir nicht wieder aufs Schien-bein kloppe.

Splitterbruch am linken Knie. Im Krankenhaus gab man mir den Tipp, doch mal in den Baumarkt zu fah-ren. Dort gäbe es auch Weihnachtsbäume. Pah! Die kennen Uschi nicht!

Habe mir Verstärkung geholt. Holger half mir, im Wald mit den Krücken durchs Dickicht zu kommen. Schließlich haben wir einen super Baum gefunden. Und es hat geklappt! Keine Brüche! Gemeinsam haben wir den Baum auf dem Dachgepäckträger verstaut und sind gut gelaunt nach Hause gefahren.

Auf der Polizeiwache belehrte man uns, wie man sperrige Lasten so auf dem Dachgepäckträger fixiert, dass sie NICHT in der ersten scharfen Kurve vom Dach in das Schaufenster einer Bäckerei rutschen. Verwarnung, 120 Euro. Anzeige wegen fahrlässiger Sachbeschädigung folgt.

23. DEZEMBER, 10:00 UHR

Diesmal sollte es klappen! Nachdem Holger und ich den zweiten Baum geschlagen haben, zurren wir ihn gewissenhaft auf dem Dachgepäckträger fest. So kann er sich nicht mehr lösen.

23. DEZEMBER, 14:00 UHR

Es hat funktioniert. Der Baum hat sich nicht gelöst. Dafür aber der ganze Dachgepäckträger. Diesmal traf es das Schaufenster einer Metzgerei. Anzeige wegen vorsätzlicher Sachbeschädigung. Vorsätzlich deshalb, weil man angeblich so dumm nicht sein kann.

24. DEZEMBER, 14:00 UHR

Heute Morgen musste der dritte Baum dran glauben. Wenn es so weiter geht, sieht es hier im Wald bald aus wie in der Sahara. Und alles wegen Uschi. Aber diesmal hat wirklich alles funktioniert! Ohne Sachbeschädigung. Ohne Krankenhaus. Geil!

24. DEZEMBER, 18:00 UHR

Stolz präsentiere ich Uschi meinen ersten selbst geschlagenen Weihnachtsbaum! Wie Uschi mir sagte, eine prächtige 1,80 Meter hohe Linde.

Die politisch korrekte

Alle Jahre wieder kommt es in vielen Familien zu einem vermeidbaren Konflikt. Die Krippe wird aufgebaut und der Ärger mit dem politisch engagierten Nachwuchs ist vorprogrammiert. Denn die traditionellen Krippen bedienen nicht nur althergebrachte Rollenmuster, sie sind meist auch rassistisch und verstoßen gegen allgemeine Richtlinien des Tierschutzes. Deshalb hier unser Vorschlag zur Erhaltung des weihnachtlichen Friedens: die politisch korrekte Weihnachtskrippe.

① **Jesuskind:** Trägt eine Bio-Baumwollwindel. Kleidung und Spielzeug sind genderneutral und die Krippe aus regionalem, FSC zertifiziertem Zedernholz.

② **Maria:** Trägt KEIN Kopftuch, weil es ein Zeichen der Unterdrückung der Frau ist.

③ **Josef:** Gibt dem Jesuskind ein Fläschchen, weil er ein anwesender Vater ist und für die gleichberechtigte Verteilung der Arbeit im Haushalt eintritt.

④ **Schopf-Makake:** Anstelle von Ochse und Esel. Die Ausdrücke „Ochse" und „Esel" sind diffamierend und Schopfmakaken eine bedrohte Art.

⑤ **Die Hirten:** Sind gewerkschaftlich organisiert und setzen sich für eine bessere Bezahlung im Niedriglohnsektor ein. Anstelle von Schafen hüten sie eine Herde Feldhamster (siehe Schopf-Makake).

⑥ **Die drei Weis*innen aus dem Morgenland:** Symbolisieren die Vielheit der Rassen und Geschlechter: Castor, ein arabischer Atomkraftgegner, Melchia, eine schwarze Frau, die, um Blackfacing zu vermeiden, als Weiße dargestellt ist, und Bum-Kun*Cha, ein polysexueller Ostasiate.

⑦ **Geschenke:** Statt „Blutgold" Fair-Trade-Schokoladentaler, statt Myrrhe eine Chia-Pflanze und statt Weihrauch ein Wunderbäumchen oder wie die Atheisten sagen: ein „Erstaunliches-aber-dennoch-logisch-erklärbares-Phänomen-Bäumchen". Kamele sollen nicht artfremd als Nutztiere gehalten werden, daher sind Castor, Melchia und Bum Kun*Cha in einem Elektroauto angereist.

⑧ **Verkündigungsengel:** Kommt scheinbar traditionell daher. Allerdings ist sein Spruchband („Gloria in excelsis Deo") aus 100% recyceltem Altpapier und das Deo frei von Aluminiumsalzen.

⑨ **Unisex-Toilette**

---

* Stern für das dritte Geschlecht

Wie baue ich einen Schneemann?

W as wäre die Weihnachtszeit ohne einen zünftigen Schneemann?! Er ist ein Riesenspaß für alle großen und kleinen Kinder und lässt sich ganz leicht bauen. Hier eine kleine Anleitung:

Um einen Schneemann zu bauen, braucht es nicht viel: Einen Kochtopf als Hut, einen Schal, eine Karotte als Nase, einige dunkle Steine für Augen und Mund und natürlich Schnee für den Körper.

Erster Schritt: Die Zutaten zusammentragen. Kochtopf und Schal auf dem Flohmarkt und eine Karotte im Billigmarkt kaufen, dunkle Steine in der Umgebung aufsammeln – und für Schnee sorgen. Da im Zeitalter der globalen Erwärmung die durchschnittliche Außentemperatur Mitteleuropas im Dezember in etwa 19 Grad Celsius beträgt, empfiehlt sich folgender kleiner Notbehelf: Einen Sonnenschirm, bestehend aus ca. 16 Billionen dünnen Siliziumscheiben, mittels elektromagnetischer Kanonen ins All schießen. Dies wird die Sonneneinstrahlung auf der Erde um 1,8 Prozent verringern.

Jetzt nur noch etwa 50 Jahre warten, bis die nun einsetzende Erdabkühlung für neuen Schneefall sorgt, dann Schneekugeln rollen, aufeinandersetzen,

Schal, Kochtopf, Steine und Karotte anbringen – und schon ist der Schneemann fertig!

Die Kosten sind leicht zu verschmerzen:
1 Kochtopf: 9,99 Euro
1 Schal: 12,00 Euro
1 Karotte: 0,20 Euro
7–8 kleine Steine: umsonst
16 Billionen Siliziumscheiben:
800.000.000.000.000.000,00 Euro (günstiger Einkaufspreis dank Mengenrabatt)
Zusammen: 800.000.000.000.000.022,19 Euro

KLEINER TIPP: *Warm anziehen, da durch den Sonnenschirm aufgrund eines nicht eingeplanten Rückkoppelungseffektes die durchschnittliche Außentemperatur Mitteleuropas im Dezember nun minus 180 Grad beträgt.*

AL-TERNA-TIVE WEIH-NACHTSBÄUME

Weihnachtsbäume sorgen seit Jahrzehnten für festliche Stimmung in den Wohnzimmern. Doch leider bringen sie einen Nachteil mit sich: Sie sehen in jedem Jahr gleich aus – unten breit, oben schmal.

Das muss nicht sein! Warum beschreiten Sie nicht einmal ungewöhnliche Wege und bringen Ihren Weihnachtsbaum in eine außergewöhnliche, zu Ihren Vorlieben passende individuelle Form?! Mit einer Heckenschere ist dies kein Problem.

Hier ein paar Anregungen:

Petri Heil

Elf Freunde

Eros

Star

Köln

Jack

Integration

Götz

Frisch gezapft

Hot Dog

EDMUND STOIBER

Wenn Maria ... von Nazareth aus in Israel ... mit zehn Minuten, ohne, dass sie in Bethlehem am Stall noch einchecken muss, dann gebärt sie im Grunde genommen in Nazareth ... im Kreißsaal der Stadt startet sie ihre Geburt. Zehn Minuten. Schauen Sie sich mal die großen Kreißsäle an, wenn Sie in London oder sonst wo ... Charles de Gaulle äh, in Frankreich oder in ... äh... in ... in ...äh ... in Rom. Wenn Sie sich mal die Entfernungen ansehen, wenn Sie Frankfurt sich ansehen, dann werden Sie feststellen, dass zehn Minuten ... Sie jederzeit locker in Frankfurt brauchen, um den Stall zu finden. Wenn Sie vom Kreißsaal Nazareth starten – Sie steigen auf einen Esel, Sie reiten mit ihm nach Bethlehem, direkt in den Stall „Franz Josef Strauß". Das bedeutet natürlich, dass der Kreißsaal in Nazareth im Grunde genommen näher an Bethlehem ... an die Ställe in Bethlehem heranwächst, weil das ja klar ist, weil hier viele Eselpfade zusammenlaufen.

Weihnachten 2030

24. DEZEMBER 2030:
Der Weihnachtsmann sitzt im Unterhemd vor dem Fernseher in seinem Einzimmerappartement in Duisburg-Marxloh und schaut sich eine Wiederholung des Weihnachtsklassikers „Ist das Leben nicht schön?" an. Dabei lächelt er bitter – sein Leben ist tatsächlich nicht besonders schön.

Der Ärger hatte mit dem Aufkommen des Internet-Zeitalters begonnen. Eine Zeitlang konnten der Weihnachtsmann und seine Helfer dem immer stärkeren Konkurrenzdruck der Online-Versandhäuser noch standhalten, doch vor ein paar Jahren war es schließlich so weit: Der Weihnachtsmann musste Konkurs anmelden und das Weihnachtsdorf inklusive Geschenkefabrik wurde von einem weltweit führenden Versanddienstleister übernommen und heißt jetzt „Versandhandelszentrum Nord". Aus dem Weihnachtsfest wurde der „Welt-Geschenkeversand-Tag" – wobei allerdings nur die Kunden mit Premium-Account ihre Geschenke tatsächlich am 24.12. erhalten, bei Normalkunden treffen die Päckchen oft erst im März oder April ein. Dadurch stieg – und das war besonders bitter – die Beliebtheit des Osterhasen sprunghaft an und hat die des Weihnachtsmanns inzwischen weit überholt. Dessen Werte liegen tief im Keller, teilweise noch hinter

Rentierschlitten inkl. Rentiere

Fahrzeugdetails

Karosserieform:	Cabrio ohne Hardtop
Farbe:	rot
Zustand:	gebraucht
Baujahr:	1931
Vorbesitzer:	1
Laufleistung:	243.474.957.426.396.153 Kilometer (davon 243.474.957.426.396.121 in der Luft)
Antriebsart:	9 mal 4-Huf (RUDImatic)
Leistung:	9 RS
Verbrauch:	5,6 Ballen Heu/100 mm (komb.) 4,8 Ballen Heu/100 km (außerorts) 6,9 Ballen Heu/100 km (im Kamin)
Gänge:	1 Vorwärtsgang
Sitzplätze:	1
Extras:	Winterbehufung Navi (rednose)
Preis:	Im Tausch mit Ferrari Testarossa (Coupé! Kein Cabrio! Und bitte nicht in Rot!) mit funktionierender Heizung und Sitzheizung (wichtig!)

FDP-Politikern, nordkoreanischen Diktatoren und Oliver Pocher.

Zunächst waren sowohl der Weihnachtsmann als auch die Weihnachtselfen als Hilfsarbeiter im Warenlager übernommen worden, doch im Gegensatz zu den

unermüdlichen Kobolden erwies sich der alte Mann als dem Leistungsdruck nicht gewachsen. So endete seine Zweitkarriere als Lagerist schon nach wenigen Wochen.

Die Rentiere bekamen immerhin die Möglichkeit, „einen wertvollen Beitrag für die Feiertage zu leisten", wie es in einem Schreiben der Firmenleitung hieß. Zu diesem Zweck wurden sie aufgefordert, sich bei einer

Metzgerei in Helsinki zu melden. Seitdem hat der Weihnachtsmann nichts mehr von ihnen gehört.

Er selbst musste sich auf Jobsuche begeben. Anfangs war es schwierig: Niemand wollte einen Spinner in rotem Mantel und Mütze einstellen – zumal die

Jobs am Nordpol rar gesät waren. Doch als im Laufe der globalen Erwärmung die Durchschnittstemperatur in der Arktis auf 20 Grad anstieg, änderte auch der Weihnachtsmann seinen Kleidungsstil: Heute sieht man ihn meistens in Hawaii-Hemd, Flip-Flops und Stirnband.

Trotzdem blieb er schwer vermittelbar: Sein Sachbearbeiter bei der Agentur für Arbeit fand in einem Persönlichkeitstest heraus, dass das einzige Talent des alten Kauzes darin bestand, Dinge von einem Ort zum anderen zu transportieren. Er musste allerdings auch mit Erschrecken feststellen, dass sein Klient noch nicht einmal einen Führerschein besaß. Also war die nun folgende Stellenwahl logisch: mit dem Fahrrad Essenskartons für einen Lebensmittel-Lieferservice ausfahren.

Am Anfang gab es einige Probleme: Der Weihnachtsmann konnte damit leben, dass er in eine Stadt umziehen musste und dass das bunte Leibchen, in das man ihn gesteckt hatte, unangenehm über seinem Bauch spannte, doch mit dem Fahrrad kam er nur schwer zurecht. Seine Versuche, das Gefährt mittels Peitschenknallen und anfeuernden „Ho, ho, ho"-Rufen zum Losfahren zu bringen, waren zum Scheitern verurteilt. Doch inzwischen hat er das System verstanden und aus ihm ist ein versierter Lieferfahrer geworden, der heute mit seiner ausgeprägten Wadenmuskulatur beeindruckt und nicht mehr mit seinem Bauchumfang. Er wiegt inzwischen 68 kg bei einer Körpergröße von 1,80 m.

Der Lohn ist kärglich, es reicht nur für ein Mini-Appartement und hin und wieder – in sentimentalen Augenblicken – einen Liter Glühwein aus der Tüte. Doch der Weihnachtsmann ist trotzdem guter Dinge: Er hat sich für den Welt-Geschenke-Tag selbst ein Geschenk bestellt: einen großen Schokoladen-Osterhasen, dem er genüsslich den Kopf abbeißen wird. Und der wird genau zum richtigen Zeitpunkt eintreffen, zu Ostern – denn der Weihnachtsmann hat keinen Premium-Account.

Ihr Interesse an Weihnachten wurde den Autoren bereits als Säuglinge in die Krippe gelegt. Schon im Alter von drei Monaten feierten sie erste Erfolge als Jesuskind-Darsteller in der weihnachtlichen Schaufensterdekoration einer Woolworth-Filiale in Wuppertal-Unterbarmen.

Nach 22 ausgefüllten und abwechslungsreichen Berufsjahren suchten sie eine neue Herausforderung und wechselten in das Metier der Weihnachts-mann-Darsteller. Hier konnten sie ihre Erfahrung voll zur Geltung bringen und stiegen im Laufe der folgenden 34 Jahre die Karriereleiter unaufhaltsam empor, bis zu einer Woolworth-Filiale in Wupper-tal-Oberbarmen. Während dieser Zeit wurden die Autoren weit über die Grenzen Wuppertals hinaus bekannt und gelten heute weltweit als renommierte Experten rund um das Thema Weihnachten.

Aus ihrer Feder stammen internationale Bestseller wie „Filzläuse im Nikolausbart – was tun?", „Hø Hø Hø – Übersetzung des Standardausrufs in 1.437 Sprachen" und „Babykotze auf dem roten Mantel – 100 Wege, den Geruch zu kaschieren".

TEXTE

PETER GITZINGER, LINUS HÖKE und ROGER SCHMELZER sind seit vielen Jahren als Autoren für zahlreiche Kabarett- und Comedyshows im deutschen Fernsehen tätig. Neben Drehbüchern verfassen sie Theaterstücke und erarbeiten Bühnenprogramme für etablierte Kabaretthäuser und Comedians. Linus Höke ist zudem der Verfasser des Bestsellers *Shades of hä?*. Alle drei Autoren leben in und um Köln herum.

ILLUSTRATIONEN

ARI PLIKAT, geboren 1958 in Lüdenscheid. Lebt in Dortmund, zeichnet Illustrationen, Cartoons und komische Bilder, die in vielen Zeitungen und Zeitschriften zu sehen sind. Bei Lappan ist zuletzt sein Buch *Ich rieche Angstschweiß* erschienen.
www.ariplikat.de

LAPPANS SATIRISCHE GESCHENKBUCHREIHE:

3. Auflage 2019

© 2018 Lappan Verlag in der Carlsen Verlag GmbH, Oldenburg/Hamburg

ISBN 978-3-8303-4432-2

Alle Rechte vorbehalten. Das Werk darf – auch teilweise –
nur mit Genehmigung des Verlages wiedergegeben werden.

Lektorat: Leonie Bartels

Herstellung | Gestaltung: Monika Swirski

Druck und Bindung: Christian Theiss GmbH

Printed in Austria

**Triff uns auf facebook.com/Lappan Verlag
und auf instagram.com/lappanverlag
www.lappan.de**